Knobloch · Angehaltener Bahnhof

Nachtzauber in Berlin
Der Anhalter Bahnhof

Heinz Knobloch

Angehaltener Bahnhof

Fantasiestücke,
Spaziergänge
in Berlin

Das Arsenal

Diese Auswahl neuerer Feuilletons von Heinz Knobloch erscheint mit freundlicher Genehmigung des Buchverlags Der Morgen, Berlin (DDR) und des Mitteldeutschen Verlags, Halle und Leipzig.

Die Texte wurden vom Autor für diese Ausgabe überarbeitet.

Zweite Auflage 1985

Solche Geschichten erquicken vielleicht keinen andern, aber sicherlich den, der sie schreibt, weil er in ihnen Gelegenheit findet, sich an die schwierigsten Fragen heranzumachen, nicht um sie zu lösen, aber doch um sie zu stellen.

Und schon in dieser bloßen Fragestellung, die gleichbedeutend ist mit einem Absagebrief gegen das Alte, liegt eine Art Genuß.

Fontane an Friedländer, 1888

Angehaltener Bahnhof

Niemand glaubt mir, daß mein Gesundheitsfahrrad ein Gerät ist, mit dem ich mehr kann als auf der Stelle treten. Es kommt aus der Werkstatt, die dem kleinen Häwelmann das Bett gebaut hat.

Ich kaufte, ohne das zu wissen, das Rad, um seine Vorzüge zu genießen. Als da sind: wettergeschützt im Zimmer zu strampeln, dabei fernsehen, lesen, Radio hören, auf diese Art an Aufmärschen teilnehmen und historischen Ereignissen beiwohnen. Ich kann beim Fahren die Augen schließen oder abwenden, sie nach innen öffnen. Ich kann fahren, so schnell ich mag, so langsam ich will. Keine Ampel, kein Umkippen. Bereits sind, wie der von mir nicht zu beeinflussende Kilometerzähler zeigt, eine ansehnliche Zahl Kilometer zurückgelegt - das ist doch ein Reisevergnügen, ein Entfernungs-Guthaben, ein Freifahrschein für eine Strekke von Berlin-Pankow bis -.

So trat ich weiter auf der Stelle, bis ich genug hatte. Als Fernsehzuschauer habe ich schon viele Reisen gemacht. Anderntags radelte ich, ohne dabei fernzusehen. Schloß die Augen und dachte an dieses und jenes. Kurzum, ich übte mich in der neuen Kunst, erprobte die Möglichkeiten des Universalrades und hatte bald heraus, daß es - wie andere Fahrzeuge Treibstoff - Kilometer verbraucht, getretene Kilometer, zu wechselnden Kursen. Große Entfernungen und weiteres Zurücklehnen in die Vergangenheit, das kostet viel Kraft. Für manches Unternehmen muß ich mir lange einen Vorrat erstrampeln, ähnlich dem Sparen für eine Urlaubsreise.

Unbemerkt haben wir auf diese Weise mittlerweile den *Anhalter Bahnhof* erreicht, den es nicht mehr gibt. Als es ihn gab, ging ich noch zur Schule und lernte: Er heißt so, weil die Züge dort anhalten.

Warum gerade dieser Bahnhof? Kann der Autor sich nicht nach Schöneweide begeben wie sonst, wenn er verreist? Nach dem schönen Lichtenberg oder Schönefeld, wo das Warten immer kultivierter wird. Haben wir nicht für ihn die Genshagener Heide gemäht? Warum muß der Anhalter Bahnhof überhaupt erwähnt werden?! Wo steht der Autor, wenn er fährt? Will heißen, wenn er nicht fährt, denn er tut ja nur so, als ob er fährt. Was soll das?

Es gibt viele Gründe, den Anhalter Bahnhof auf diesem Papier aufzubauen. Wie 1880. Der berühmte Architekt Franz Schwechten hat zusammen mit dem Schriftsteller Heinrich Seidel diesen Bahnhof errichtet. Der Ingenieur Seidel schrieb nebenbei Bücher. Und man weiß nicht, was seine Chefarchitekten und Geheimräte dazu gesagt haben, beziehungsweise sein Verleger; jeder hält seine Branche für die wichtigere.

Zu welchem Bau brauchte Seidel mehr Fantasie? »Ich erhielt eine Aufgabe, die in dieser Ausdehnung auf dem ganzen Kontinent noch nicht vorgekommen war, nämlich die Konstruktion des eisernen Daches der mächtigen Ankunftshalle, das eine Spannweite von $62^1/_2$ Metern besitzt. Wem die Straße Unter den Linden in Berlin bekannt ist, der kann sich davon eine Vorstellung machen, denn die Breite dieser Straße beträgt $60^1/_3$ Meter.«

Wenn einer nachsieht im Lexikon unter Seidel, Heinrich, dann sind da bloß die Bücher aufgezählt, der Bahnhof nicht. Das hätte man dem Mann vorher sagen müssen.

Es ist schwer vorstellbar, daß ein literarisch begabter Ingenieur sein Talent nur heimlich übt. (Wenn dieser Satz irgendwem irgendwo peinlich und sarkastisch klingt, ist es nicht meine Schuld.) Der arme Seidel führte ein sonderbares Doppelleben, »denn ich war ängstlich bemüht, meine praktische Berufstätigkeit und meine poetischen Liebhabereien scharf auseinanderzuhalten. Ich habe jahrelang mit Leuten auf einem Büro zusammengearbeitet, ohne daß diese eine Ahnung davon hatten, daß meine Mußezeit von ganz anderem Interesse ausgefüllt wurde. Ja, und wenn es ihnen da von anderer Seite mitgeteilt wurde und man ihnen die Beweise vorlegte, sträubten sie sich, es zu glauben, und sagten: *Das ist nicht möglich, Seidel ist doch so ein nüchterner Verstandesmensch und durch und durch Ingenieur.*«

Fehlte noch, daß jemand von *Ingenieur der Seele* gefaselt hätte, statt von der Seele des Ingenieurs zu sprechen. Das könnte Rosi Nante gesagt haben.

Bücher und Bahnhof. Gelten nur die papiernen Werke? Der Dichter muß einen Beruf haben. Dann kann er fast schreiben, was er kann. Papier, zumal bedrucktes, hält länger als Stahl, denn es ist nichts übriggeblieben vom Anhalter Bahnhof. Die Züge hielten dort an, der Krieg nicht.

Der Anhalter Bahnhof ist ein Kopfbahnhof gewesen. Ich bitte, sich seiner zu bedienen.

Der Bahnhof überdachte acht Gleise. Durch eine bedeckte Vorhalle kam man über eine Freitreppe in die Haupthalle. Neunzehn Meter hohe Seitenwände erzeugten eine gewisse Monumentalität.

Welch ein Bahnhof. Man sah ihn von Effi Briests Wohnung. Alle vier Minuten fuhr ein Zug ab oder kam einer an. Zar Nikolaus kam und wurde beim Aussteigen begrüßt. Man hatte seinen Zug umgeleitet, damit er nicht auf dem Schlesischen Bahnhof eintreffen und dann durch Arbeiterviertel fahren mußte. Man kann nie wissen, wie die Arbeiter sich verhalten. Angestellte haben mehr zu verlieren als ihre Ketten. Winkende Elemente wollen ausgewählt sein.

Welch ein Bahnhof. Laßt euch, die ihr das lest, nur diesen einen Satz auf der Zunge zergehen: »Die Pfetten des Wellblechdaches bestanden aus Holz.« Die Pfetten des Wellblechdaches ... ach, was wissen wir schon von den Wonnen der Architekten.

Der Anhalter Bahnhof roch so schön nach Berlin und Weltstadt. Hat mal jemand bemerkt, daß Gerüche verschwunden sind? Es geht nicht um üble Gerüche und nicht um Wohlgerüche, sondern um Eigenschaften. Solange es Dampflokomotiven gab, rochen Bahnhöfe anders als heute.

Zur Zeit der Olympischen Spiele in Berlin, ich entsinne mich an zweierlei: Jemand aus der Verwandtschaft fuhr ab. Wir brachten ihn hin, und ich sah zehnjährige amerikanische Mädchen auf dem Bahnsteig, sie trugen elegante Hüte und waren wie Damen gekleidet, während ich ein Junge in kurzen Hosen war. Und ein Mann aus unserem Bekanntenkreis, ein seriöser Herr mit Schnurrbärtchen wie der Schauspieler Willy Birgel, zeigte mir ein paar vorübergehende Japaner und sagte, alle Asiaten stinken; damals gab es noch kein Bündnis Berlin–Tokio. Ich roch aber nichts. Und es war mir nicht bewiesen. Es hat sich als vorteilhaft herausgestellt in meinem Leben, daß ich manches bewiesen haben wollte.

Gebäude nehmen etwas von dem auf, was in ihnen geschieht. Da bleibt ein Hauch, ein Flöckchen Ruß, ein sich verfangender Ton.

Der Anhalter Bahnhof wird immer ein Stück Geschichte sein. Es kommen 20 000 Menschen, zwanzigtausend, am 23. Oktober 1918 dorthin, um Karl Liebknecht zu empfangen. Noch ist Krieg. Aber dieser Mann verkörpert ihre Sehnsucht nach Frieden. Längst haben sie begriffen, daß er von Anfang an den Krieg nicht wollte und daß sie 1914 so hätten auf die Straße gehen müssen. Ein neuer Anfang ist möglich. Der Sozialdemokrat Philipp Scheidemann in der Kabinettssitzung: »Ein Zeichen, wie die Dinge stehen, war der Empfang Liebknechts, der von Soldaten mit dem Eisernen Kreuz getragen wurde; wer hätte dies noch vor drei Wochen für möglich gehalten?«

Wenn die zwanzigtausend Mann, bewaffnet, das nächste halbe Jahr, vielleicht gäbe es den Anhalter Bahnhof heute noch ...

Ich bin neun Jahre alt, als ich nach Berlin komme und aus dem Zug steige: *Anhalter Bahnhof,* auf großen Schildern. Menschen, Dampf, Zischen, Eisenbahngeruch, Karren mit Wurstkesseln. Händler bieten Zeitungen an und Sitzkissen. Abfahrt in Richtung Halle, Karlsbad, Prag, Wien, Leipzig, München, Basel, Rom und Jüterbog. Es ist nur ein bißchen anders als in der Großstadt, aus der ich vor zwei Stunden abgefahren bin. Mit dem Schild »Riviera-Napoli-Expreß« kann ich nichts anfangen. Mein Vater könnte uns dorthin keine Fahrkarte kaufen. Aber ich freue mich allein daran, daß es einen solchen Zug gibt und daß ich, wenn ich meine Sparbüchse fülle - ein Gepäckträger macht sich bemerkbar, aber mein Vater winkt ab. Wir sind umgezogen. Jetzt wohnen wir in Berlin, und nicht weit vom Anhalter Bahnhof.

Unterirdisch ist der Anhalter Bahnhof noch in Betrieb. Ich lese es wenigstens in meinem Kursbuch ...

Es ist eine Station der S-Bahn, der Nord-Süd-Linie, die während der zwanziger Jahre begonnen und von den Nazis bei der Einweihung als ihr eigenes Werk deklariert worden ist. Das will zu Ende gedacht werden, *ihr Werk,* denn ein tiefer Bahntunnel ist in den schlimmen Tagen, als der Krieg krachend und häuserstürzend die Stadt erreichte, aus der er mit Worten losmarschiert war, ein ziemlich zuverlässiger Schutz, wenn nicht - ja, wenn nicht jener Hitler hier in der Nähe in seinem Bunker gezittert hätte und, um seine gezählten Tage um fünf Minuten zu verlängern, diesen mit Menschen vollgestopften Stadtbahntunnel fluten ließ.

Wie viele Menschen ertranken im Tunnel? Als sie das Wasser hörten, sahen, nicht entrinnen konnten, vielleicht haben sie noch gedacht, daß der Feind eine Bombe geworfen hat, einen Volltreffer gelandet; es war tatsächlich ihr Feind, dem sie hier ihren Tod verdankten. Sie hatten ihren Feind nur nicht rechtzeitig genug erkannt, sondern ihn gewählt.

Ein halbes Jahr nach Kriegsende steht das Wasser immer noch in Höhe der Schilder *Anhalter Bahnhof*; und Jahre später sieht man dort einen schmutzigen Rand wie in einer nicht gesäuberten Badewanne. Der Dreck des Krieges.

Wann nur, fragen einige Leser, kommt der Verfasser endlich von diesem Bahnhof fort und voran? Ich muß noch eine Weile durch heftiges Treten die Geschwindigkeit halten, mit der sich der Anhalter Bahnhof aus meiner Erinnerung entfernt. (Jemand fragt: Wenn Sie Dichter sind, da konnten Sie Ihre Kindheit wohl nicht zum Ostkreuz verlegen oder an den Alexanderplatz?)

Aus der Kriegsgefangenschaft zurückgekehrt, hatte ich am Ausgang des Anhalter S-Bahnhofs ein Stelldichein mit einem Mädchen, das ich nur brieflich kannte. Sie schrieb, sie werde ein jägergrünes Kostüm tragen, an dem ich sie erkennen sollte. Welch ein friedlich-raffinierter Modeausdruck, denn das Jägergrün stellte sich als ehemaliges Wehrmachtstuch heraus, war bestimmt ein Mantel ihres Vaters gewesen, sein abgelegter Waffenrock. Ich erkannte das Material sofort. War ich nicht Fachmann? Hatte ich nicht ein jägergrünes Kostüm getragen und damals einem Mädchen geschrieben: »Sie erkennen mich an der feldgrauen Uniform!« Ich hütete mich jedoch, über das Kostüm und Wort *jägergrün* eine vorlaute Bemerkung zu machen. Andererseits, und das werden Sie zugeben, hätte ich ein paar Jahre zuvor dieses Wort nicht zu dem Feldwebel sagen dürfen, der mir aus seinen Vorräten etwas Feldgraues hinwarf.

So ist ein und derselbe Stoff feldgrau und jägergrün zugleich, aber nur hintereinander. Nuancen. Damals spürte ich, als wir aus dem Anhalter Bahnhof ans Tageslicht stiegen, daß es besser ist, wenn nur Mädchen Kostüme aus solchem Stoff tragen und ihn jägergrün nennen dürfen.

Sie war nett. Nur so unerfahren, was uns beiden nicht bekam. Und ich denke, was wäre geworden, wenn wir uns zwei Jahre später kennengelernt hätten?

Wie einfach, an dieser Stelle abzusteigen, und das Stehrad um neunzig Grad gedreht, nach links oder rechts, in eine andere Richtung: ein unbekannter Weg, ein neues Leben. Ich mag aber nicht. So trete ich stärker, muß ich mich am Lenker festhalten, ein Spurt – und schon ist der Anhalter Bahnhof wieder eingeholt und überholt.

Wer schreibt das Lied vom nichtsahnenden Mitreisenden? Am 27. Februar 1933, gerade als in Berlin abends der Reichstag angezündet wird, steigt in München der Dr. Hediger in einen Schlafwagen 3. Klasse im Zug nach Berlin. Am anderen Morgen erfährt er aus der Zeitung von dem Verbrechen. Dr. Hediger heißt mit bürgerlichem Namen - nein, so mag man nicht sagen –, es ist Georgi Dimitroff. Während dieser Reisende die Stadt betritt, stehen viele am Anhalter Bahnhof nach Fahrkarten an und reisen ab, so schnell sie nur können und, wie es im Liede heißt, möglichst still und unerkannt.

S. 12 Anhalter Bahnhof, 1900. *S. 13* 1946. Foto von Seidenstücker

Keine Kundgebung? Wo sind die Zeiten geblieben, als hier sieben Gewerkschaftsführer ausgewiesen werden, fünfzig Jahre zuvor, und ihre Genossen begleiten sie zum Anhalter Bahnhof. (Ja, sie lösen Bahnsteigkarten; es hat alles seine Ordnung in Deutschland, auch die Revolutionen.) Dennoch ist dieser Vorgang, lästigen Bürgern eine Ovation zu bereiten, so unerhört, daß es von Bahnpolizisten und Geheimen nur so wimmelt. Auch letztere kaufen, sobald sie durch die Sperre müssen, eine Bahnsteigkarte. Die kaiserlichen Polizisten haben Kreidestücke in den Händen verborgen, mit denen sie die Rücken derjenigen Genossen, die verhaftet werden sollen, insgeheim mit Kreuzen markieren, auf Jackett und Paletot.

Wenn wir nicht unseren Andersen gelesen hätten. Da kommt der Hund mit den Augen so groß wie Teetassen und bringt mir zwei Stück Kreide. Damit malen wir mit beiden Händen Kreuze auf alle Rücken der Stadt.

Jeder kann mit einem Satz im Ausland sein. Sind sie deshalb Schriftsteller geworden? Wie wird man Schriftsteller? Das ist weder ein Geschwindigkeits- noch ein Transportproblem. Ich habe mir Kilometer zurückgelegt, davon existiere ich.

Wenn ich irgendwo eintreffe, weiß ich gern, was anzusehen sich lohnt. So geschieht es, daß ich manchmal mehr weiß als die Eingeborenen. Das ist ein feines Wort, das nur etwas selten wurde, weil kaum einer es noch benutzt. Es ist nämlich früher nur für die Einwohner von Afrika und anderen kolonialen Ländern angewandt worden und nie für die Bürger von Eberswalde, Leipzig oder Metropolis. Ich habe mich als Kind, nachdem wir auf dem Anhalter Bahnhof eingetroffen waren, erst an die Eingeborenen gewöhnen müssen. Sie sprachen anders als ich. Auch ich sprach anders als sie und wurde deshalb von ihnen ausgelacht, ungeachtet der Tatsache, daß der Lehrer die Klasse ermahnt hatte, den neuen Kameraden nicht wegen seiner sächsischen Sprache zu verspotten. Das war damals noch etwas, ein Sachse in Berlin. Heute, wenn ich nach Dresden komme, gelte ich Eingeborenen als unrein ...

In jener Gegend Berlins, in die meine Eltern gezogen waren, lebten die Eingeborenen in der Nähe des Anhalter Bahnhofes in Straßen, deren Namen, die wie harmlose Ortsnamen klangen, viel Blutvergießen verbargen. *Großbeerenstraße* – und ihr denkt doch nicht, daß sie so heißt, weil Theodor Fontane sein erstes Feuilleton über den kleinen Ort Großbeeren im Süden Berlins geschrieben hat, sondern »Das Schlachtfeld von Groß-Beeren« war ein so ergiebiges Terrain, daß er viele Jahre nach der Schlacht dorthin wandern konnte wie in ein Traditionszimmer unter freiem Himmel und hinsehen und deshalb darüber schreiben.

Möckernbrücke – da lag das Postamt, zu dem ich eines lauen Abends trabte, einen Brief in der Hand, auf den ich besonders gut achten sollte, hatte mir mein Vater eingeschärft; ich ahnte, daß von diesem Brief einiges abhängen würde. Es war ein Bewerbungsschreiben mit handgeschriebenem Lebenslauf. Mein Vater wurde daraufhin eingestellt. Er konnte jetzt monatlich die zwanzig Mark Schulgeld bezahlen, so daß ich das Gymnasium besuchen und dort Englisch lernen konnte und den Haß gegen England und manches Gedicht und manches andere, so etwa, daß bei Möckern 1813 der Trompeter Pape einem feindlichen Ulanen, der mit eingelegter Lanze auf den Dragonermajor Platen einstechen wollte, mit der Trompete so ins Gesicht schlug, daß der Feind augenblicklich vom Pferde stürzte.

Königgrätzer Straße, die dann *Stresemannstraße* hieß und zu meiner frühen Zeit *Saarlandstraße*, so eine Straße macht vieles geduldig mit. Als der Anhalter Bahnhof, an dem sie vorbeiführt, in Trümmern lag, hieß sie wieder Stresemannstraße.

Mit neun Jahren umgetopft von der Elbe an den Landwehrkanal. Aber wenigstens ein Gewässer vor Augen und, als Zugabe, anstatt des Musikdampfers zur Mittagsstunde eine Hochbahnstrecke, auf der alle paar Minuten gelbe Wagen zischend in den Bahnhof Möckernbrücke einfahren oder aus ihm auftauchen in Richtung *Hallesches Tor.*

Die Schule liegt vier Häuser weiter. Das muß man auch mal erleben. Kurzer Weg. Länger im Bett liegen morgens. Nach der letzten Stunde sofort wieder zu Hause und spielen. Es gibt den Nachteil: Wer keinen Nachhauseweg hat, erlebt weniger als seine Klassenkameraden. Zumal wenn er ein »Neuer« ist.

Der neue Ort Berlin bedeutete Treppensteigen in den vierten Stock. Kohlenholen. Kartoffelnetz. Dafür bot sich Aussicht an, weit bis an einen Dächer- und Schornstein-Horizont mit Kirchturmspitzen und Kraftwerk Klingenberg. (Dessen sechs Schornsteine: wie ein gen Himmel gerichtetes Schiffsgeschütz. Man muß dem Jungen einiges zugute halten, er wird mit kriegerischen Vorstellungen gefüttert von seinen Lehrern und jugendlichen Vorgesetzten.)

Die Öfen heizten schlecht in den hohen Zimmern. Aber ich mußte nicht mehr eine halbe Treppe höher steigen auf ein Fliegenklo. Berlin war gleichbedeutend mit Badezimmer. Die Miete für die Drei-Zimmer-Wohnung betrug 78 Reichsmark. Unvergessene Summe, die ich oft genug zur Post brachte. Einmal hatte man mir dort das Portemonnaie geklaut. An dem Tag wurde der englische König gekrönt, 12. Mai 1937, da weiß ich das Datum. Nach 14 Tagen kamen mit der Post zwei Pfandscheine, die in der Geldbörse gewesen waren. Seither habe ich eine Vorstellung vom fairen Dieb.

Ich bekam in Berlin ein eigenes Zimmer und ein neues Bett aus Metall.

Mir fällt meine erste Schulwoche ein, in Berlin. Am zweiten Tag, 7. Dezember, mittags: *Zeichnen.* Malkästen raus! Ich habe keinen mit, weil ich noch keinen Stundenplan kenne. Der Nachbar borgt mir stumm einen Pinsel, ein Blatt Zeichenpapier; er legt den Finger auf die Lippen und zieht den Kopf ein. Ich sitze in der ersten Bank vorn und erlebe zum erstenmal eine Lehrerin. Im dritten Schuljahr. In Dresden hatten uns nur Männer unterrichtet.

»Wir haben einen Neuen in der Klasse! Wo? Wer? Woher?«

»Aus Dresden ...«

»Wo denn in Dresden?« fragt sie.

»Aus Blasewitz.«

»Aus dem lieben Blasewitz«, sagt sie.

Und ich bin froh. Jetzt geht's mir gut. Ich bin nicht ganz Ausländer mehr und Minderheit. In der Pause zuvor: »Weeßte, wie de am schnellsten nach Dresden kommst?« »Ja, vom Anhalter Bahnhof.« »Nee, stecksten Finger in Arsch und drehsten.«

Die Lehrerin geht durch die Reihen. Es ist auffällig still. Aber es schwatzt wohl doch einer. Sie läßt ihn nach vorn kommen, wischt mit der Hand unser Malzeug beiseite, legt ihn neben mir über die Bank und hat plötzlich einen Rohrstock in der Hand. Einen ziemlich dicken, nicht mehr ganz neuen, und drischt mit aller Kraft dem Jungen über den Hintern. Aber seine sogenannte Schihose ist gepolstert. Er muß die Taschen ausleeren.

Sie ist die erste Lehrerin, bei der ich Unterricht habe. Sie ist die erste Frau, die ich jemanden schlagen sehe. Das ist Berlin.

Außerdem lernte ich, was Kunst ist. Wir malten Äpfel als Hausaufgabe. Und meine Mutter, als gelernte Retuscheurin gewohnt, die Wirklichkeit ein wenig zu verbessern, zog mit weichem Bleistift um mein Obst einen dicken Rand. Ein Kontrast, der den Apfel aus dem Hintergrund hob. Die Lehrerin sah es und war unzufrieden: Es gibt keinen Apfel mit einem Bleistiftrand! Ob das der nationalsozialistische Naturalismus sein sollte, ich weiß es nicht.

Der Klassenlehrer war vom alten Schlage. Irgendwie waren alle diese Lehr-Menschen ausgediente Unteroffiziere und vormilitärische Ausbilder. Beim Turnen schrie er mich an: »Man merkt, daß du nicht schwimmen kannst!« Woher sollte ich. Es war nicht im sächsischen Lehrplan. Es gab noch andere Schikanen. Zwar hatte er als potentiellen Sündenbock einen jüdischen Jungen in der Klasse sitzen, aber den isolierte er, indem er ihn überhaupt nicht sah. Der kam nie ran. Niemand tat ihm etwas. Es war so, als ob er überhaupt nicht vorhanden war. Wahrscheinlich hat dieser Junge in mir einen Partner, Angehörigen einer anderen Minderheit erkannt, und deshalb haben wir beide einmal zusammen mit kleinen Autos gespielt.

Sechs Jahre danach sah ich diesen Lehrer wieder. Traf ihn eines Morgens auf dem Weg zur Arbeit in der Friedrichstraße. Er war in Uniform, war so eine Art Hauptmann und sah recht mitgenommen aus. Wir hatten auch kein Thema miteinander. Ich fühlte mich ihm geistig überlegen, weil er eine Uniform anhatte und wegen seines Kriegsdienstes im ersten Weltkrieg nun im zweiten weitermachen mußte. Irgendwie tat er mir leid. Ich weiß nicht, ob man einem ehemaligen Lehrer so wiederbegegnen sollte. Ich bog in der *Kochstraße* nach rechts ab, er ging weiter.

Als ich nach Berlin kam, arbeitete mein Vater in einer Druckerei in der *Belle-Alliance-Straße.* Erster oder zweiter Hinterhof. Der Unternehmer hieß Köring. Und hatte die Angewohnheit, seine Leute anzubrüllen, dann wieder als brotgebender Freund kollegial aufzutreten. Je nach Laune. Manchem kündigte er vormittags, um ihn vor Feierabend wieder einzustellen. Im Dezember war es anders. Da entließ er, wen er konnte, bei vierzehntägiger Kündigung. Ersparte sich die Weihnachtsgratifikation und stellte alle Anfang Januar wieder ein. Das heißt, sie konnten bleiben und weitermachen.

Ich wußte das damals nicht. Ich wunderte mich nur über mein erstes Weihnachten in Berlin, daß es so traurig war, so mager, so ungewohnt trüb. Mein Vater hatte auch meiner Mutter nicht gesagt, daß er vor Weihnachten entlassen worden war. Wie gesagt, sie war im Sommer nach Berlin gekommen, mich hatte man im Dezember geholt. Anhalter Bahnhof.

Wir gingen ihm manchmal entgegen, wenn Feierabend war, und trafen ihn am *Belle-Alliance-Platz,* der schon auf dem Stadtplan schön anzusehen ist und eine kleine Siegessäule trägt, die aber nicht, wie man hoffen könnte, etwas mit dem Sieg über die

Tuberkulose oder über die Dummheit zu tun hat. Dieser französische Name Belle Alliance, den man als Kind erst hören und nachsprechen muß, Bellalljangs, ehe man ihn lesen kann. Aber diese fremde, große Stadt Berlin, in der man nun wohnt, hat viele seltsame Dinge. Da heißen ein zentral gelegener Platz und eine lange Straße, ja selbst eine Station der Untergrundbahn so französisch, wo doch der Lehrer alle Tage vom Deutschtum redet und Fremdwörter abschafft und sich den Abschaum vom Munde wischt. Belle Alliance heißt Schöne Verbindung. Damit ist gemeint, daß man hier in die Straßenbahn 99 steigen kann oder in die Hochbahn bis Warschauer Brücke oder überhaupt umsteigen.

Was der Lehrer nicht gesagt hat: »Belle-Alliance« hieß ein Wirtshaus in Belgien. Nun stellt euch in Paris einen runden Platz vor, von dem sternförmig wichtige Verkehrsstraßen ausgehen, die zum Zeitungs-, Vergnügungs- und Regierungsviertel führen, und dieser große schöne Platz mitten in Paris heißt »Bärenschenke« oder »Zum groben Gottlieb«, na, was denn? Daran seht ihr, Kinder, wie wichtig der deutsche Sieg in den Befreiungskriegen war. Er hat nämlich verhindert, daß Plätze in der schönen Stadt Paris recht scheußlich nach deutschen Wirtshäusern benannt werden konnten. Frau Wirtin hatte einen Blücher, der nannte die Schlacht bei Waterloo [Waterluh / keiner nahm / mich so im / Sturm wie du / Waterluh / ich kam mir / vor wie Na / poleon, oh, oh, oh, oh Waterluh], der nannte die Schlacht bei Waterloo lieber Belle-Alliance, während sein Waffenbruder Wellington (ja, der: Ich wollte es wäre Nacht oder die Preußen kämen) den Namen Waterloo bevorzugte, weil sich das im Englischen besser spricht. Ach, deshalb warfen Wellingtonbomber ein paar Luftminen auf den Blücherplatz? Nein, das war doch schon wieder ein zum Teil anderer Krieg mit zum Teil anderen Verbündeten und Feinden, nach dessen Ende alles, was einst Belle-Alliance hieß in Berlin, in Mehringplatz und Mehringdamm umbenannt wurde dort am Landwehrkanal. Dürfen die denn das? Unseren Mehring!?

Was der Lehrer ferner nicht gesagt hat: Liebe Kinder, als ihr noch ungeboren wart, 1916, also minus zehn Jahre alt, hat es mitten im ersten Krieg ein Gedicht gegeben, das sich so von den anderen Kriegsgedichten unterscheidet, daß es erst 1928 gedruckt worden ist, und da auch nur als Kuriosität, nicht als Mahnung.

Ihr seid damals zwei Jahre alt gewesen und konntet nicht lesen, was der unbekannte Verfasser in sechs Zeilen eingefangen hat, die im »Zwiebelfisch« gedruckt worden sind, einer Zeitschrift, die, wie ihr dem Titel entnehmen könnt, vorwiegend für Intellektuelle gemacht worden zu sein scheint. Also keine hohe Auflage.

Der Klassenlehrer, selber Kriegsteilnehmer, hat das Gedicht vorgelesen:

So hör und sieh und riech und schmeck
Brand, Knall, Gestank und mörderischen Dreck,
Sach- und Personenschaden.
Darüber kriechen gelblichweiße Maden,
Erfreulich sattgefressen, innen blutig ...
Und weiter sind die Menschen mutig.

Es ist nicht möglich gewesen, den Verfasser dafür zu belangen, denn er ist irgendwo gefallen, wie der Fachausdruck für den eben genannten Personenschaden im Krieg lautet.

Ihr seht, liebe Schüler, daß unser Lehrer das nicht gesagt haben kann, sonst wäre er am anderen Tag nicht mehr Lehrer gewesen, sondern ganz woanders.

Es könnte ja einmal jemand jeden Schriftsteller nach seinen Lieblingsgedichten fragen. Das gäbe dann eine merkwürdige Anthologie - wäre das Velomed nicht hinten mit ganz schweren Hufeisen beschlagen, hätte es jetzt einen Satz gemacht. So muß ich selber meine Sätze machen. Warum sind Sie Schriftsteller geworden? Ich wollte meine Sätze selber machen.

Ist nun endlich Schluß mit dem Anhalter Bahnhof? Nein, es fängt ja erst an. Er hätte eigentlich Dresdener Bahnhof heißen müssen, nicht wahr?

Anfangs war es die Berlin-Sächsische Eisenbahn, die flugs in Berlin-Anhalter Eisenbahn umbenannt wurde, denn die Herzöge von Anhalt-Dessau und Anhalt-Köthen lieferten in ihrem Lande das Holz zum Bahnbau unentgeltlich. 1838 zugelassen, 1839 begonnen und 1840 eröffnet: »Sie führt von Berlin nach Großbeeren und Ludwigsfelde, nach Trebbin, Luckenwalde, dann durch den Zahnaischen Forst vor Dennewitz vorbei nach Jüterbog, Zahna, Wittenberg, Coswig und Roßlau, überschreitet hier die Elbe und die Mulde auf der 900 Fuß langen Roßlauer Brücke, erreicht Dessau und mündet bei Köthen in die Magdeburg-Leipziger Bahn« - in Leipzig ist Anschluß nach Dresden. Seit 1848 können Sie von Jüterbog bis Riesa weiterfahren, wo Sie Anschluß an die Stammlinie der Leipzig-Dresdener-Eisenbahn-Companie haben.

Man hätte es bei dieser Bahn bewenden lassen können, zumal im Königreiche Sachsen einem Menschen, der dem Billettverkäufer oder der bei demselben befindlichen Polizeiperson nicht bekannt ist und der keine Legitimation bei sich führt, kein Fahrtbillett verabfolgt wurde, das jedoch mit geringem Erfolg, denn während dies Verfahren ganz unterschiedlichen Personen, die keine Legimitaion bei sich führen, nur Hudeleien macht, geht derjenige Reisende, der kein gut Gewissen hat, frei aus, indem er durch einen Einverstandenen das Billett erwirbt und sich zustecken läßt. Weit zweckmäßiger ist daher das Verfahren in Preußen, wo man gar nicht nach der Legitimation fragt, sondern jedem Zahlenden ein Billett verabreicht, doch in den Gasthäusern das Gesetz hat, daß jeder Ankommende mit Vorzeigung seiner Legitimation binnen wenig Stunden auf dem Polizeibüro gemeldet werden muß.

Von der besonderen strategischen Bedeutung der Eisenbahn. Früh übt sich, schon im März 1846 war auf diese neue Weise ein kleines preußisches Korps an die Krakauer Grenze geworfen worden. Richtig zur Geltung kam die Eisenbahn erst 1870/71, wie wir im Sedan-Panorama sehen können, enthaltend ein Rundgemälde der Schlacht bei Sedan Anfang September 1870 (daß die Leute sich nicht satt sehen und satt hören können an so was, aber es fehlt das Riech und Schmeck in den Museen, und der schwarze Rand an der Wand des S-Bahnhofs Anhalter Bahnhof ist abgewischt), ferner drei Dioramen, geöffnet täglich von 9 bis 20 Uhr (Weltstadt-Öffnungszeiten), und das alles neben der Zentralmarkthalle, da sind wir am Alexanderplatz, wenn auch nur für einen Moment, denn am 16. Juni 1871 ziehen durchs Brandenburger Tor der neue Kaiser ein und seine Truppen, und über allem schwebt ein unternehmungslustiger spekulativer Gründergeist, dem es auf ein paar neue Eisenbahnen mehr nicht ankommt. Eine kürzere Linie von Berlin nach Dresden wird rentabel. Man baut sie.

Und wer sie heute mit dem Auge abfährt, diese kürzere Linie Berlin - Elsterwerda - Dresden, der merkt verblüfft, daß zwei nahe liegende Orte ausgelassen worden sind, sorgfältig umgangen wurden Luckau und Finsterwalde. Sieh mal an. Wer hat denn dafür Geld bezahlt oder Aktien bekommen, daß die neue Bahn an diesen beiden Städten vorüberfuhr?

Da der Anhalter Bahnhof, wie soeben nachgewiesen, auch ein Stück Politökonomie darstellt mit seiner neuen Bahnlinie, darf der Verfasser wohl noch eine Weile hier stehenbleiben und auf den Zug warten. Die Strecke ist eingleisig.

Am 17. Juni 1875 ist die Bahn eröffnet worden. Der erste Zug traf in Dresden zwischen zwölf und ein Uhr mittags ein, aber mit ein paar Minuten Verspätung, so daß Einfahrt und Abgang zweier Züge der sächsisch-böhmischen Eisenbahn dadurch Aufschub erlitten. König Albert von Sachsen war nicht auf dem Bahnhof, sondern hatte mit seiner Familie einen Ausflug ins Elbsandsteingebirge gemacht (Schweizermühle, Schneeberg und über Bodenbach nach Schloß Pillnitz zurück.) Fast wäre ich mit dem ersten Zug gefahren, nur um mal zu sehen, wie das ist, wenn der König auf dem Bahnhof steht und einen abholt, Blumenstrauß und Zepter in den Händen. Aber wenn er gar nicht erschienen ist, da war es besser, in Berlin abzuwarten.

Noch ist Seidel nicht fertig mit seinem kühnen Bogen. Rechts liegt der Güterbahnhof der Potsdamer Bahn, links der Bahnhof der Anhalter Bahn, in der Mitte hält die neue Linie. Ich vergleiche die Preise. Die Anhalter Bahn verlangt für eine Karte 1. Klasse bis Dresden 15,40 Mark, die neue Bahn 14,– Mark. Ähnlich ist es mit den anderen drei Wagenklassen. Da kommt der Zug aus Dresden zurück, er schnauft und zischt, ein Mann lädt Postsäcke aus und verkauft gleich auf dem Bahnsteig die neuesten Zeitungen. Ich nehme drei. Das »Journal«, den »Anzeiger« und die »Nachrichten«. Der »Dresdner Anzeiger« meldet, daß die Anhalter Bahn schon vor drei Tagen ihre Fahrpreise denen der neuen Bahn angeglichen hat; alle schreiben von der neuen *Schwesterstadt Berlin.*

In sechs Monaten, auf den Tag genau, wird in Dresden meine Großmutter geboren werden.

Wenn ich sofort nach Dresden fahre, müßte ich doch ihrer schwangeren Mutter begegnen können, die hätte den kleinen Bruder Oscar an der Hand und auf der Hüfte den Korb mit der Plättwäsche und würde sich nicht von mir ansprechen lassen, so nicht. Aber ich kann ihr mein Gesicht vorweisen, und ich besitze ihre Heiratsurkunde und kann ihr erzählen, wie der Pfarrer hieß und daß ihre Trauung in der Frauenkirche stattfand, in der Frauenkirche ... Die Plätterin hat einen Klempner geheiratet. Ein Klempner in unserer Familie, ich werd verrückt.

Der Fuß bremst, die Pedale stehen, und der Zeiger auf dem Tachometer rutscht zur Null. Seit drei Wochen tröpfelt der Durchlauferhitzer nebenan im Bad, der erst vor wenigen Monaten installierte. Und wir warten auf den Klempner, der den defekten Boiler erneuert.

Es wäre zum Verzweifeln, böte nicht die gute alte Zeit Trost. »Was nun die Handwerker betrifft«, schreibt der »Dresdner Anzeiger« am 17. Juni 1875, »so kennen diese zumeist einen bestimmten

Satz für eine bestimmte Leistung nicht und fordern ihren Satz ganz nach beliebigem Ermessen, je nach dem Besitz, welchen sie dem Auftraggeber zutrauen. Ihre Leistungen sind aber nicht allein teuer, sondern auch zuweilen obendrein sehr mittelmäßig. Wie oft hat ihr Wort keinen Wert, da es eben nicht gehalten wird.« War alles anders, als der Urgroßvater die Urgroßmutter nahm, mit Herzen, Mund und Händen?

Geduld, ihr Lieben, wir fahren hier ab, wir nehmen einen passenden Zug, aber erst muß das Gleis repariert sein. Ich habe ein Recht auf mein Stück Anhalter Bahnhof, weil mein Vater hier nach dem Krieg Gleisbauarbeiter war. Er kam aus der Gefangenschaft und ging zum Gleisbau, weil es da eine höhere Lebensmittelkarte gab. Und hat dennoch fast alle Bücher und Wertsachen für Brot verkaufen müssen. Die Schwarzhändler standen gleich in der Stresemannstraße, man brauchte keinen Umweg zu machen.

Und Sonntag früh um fünf Uhr fuhr er mit mir in den Grunewald, Holz sammeln, denn unsere Wohnung war nie warm genug. Wir suchten Äste, die wir leicht zerhacken konnten, begnügten uns mit den Brocken, die jene übrigließen, die in der Nähe ganze Bäume fällten und im Nu zerkleinert und abtransportiert hatten. Nachdem wir so viel aufgeladen hatten, wie wir tragen konnten, fuhren wir mit der S-Bahn von Wannsee zurück bis zum Anhalter Bahnhof.

Einmal trafen wir auf der Rückfahrt einen früheren Kollegen meines Vaters, der hatte ein Mädchen bei sich, das er als seine Sekretärin vorstellte (– doch sie machte nicht das Gesicht.) Mit der fuhr er nach Leipzig zur Messe. Das war im März 1948. Und ich saß dabei und hörte mit offenem Munde zu, ich weitgereister Mensch, der New York und Alabama kannte, auf der Chattanooga-Choo-Choo-Linie durch Tennessee gefahren war, Edinburgh und Glasgow betreten hatte; ich spürte auf einmal Reiselust. Leipzig. Messe. Was für ein Traum in weiter Ferne. Wie mochte Leipzig aussehen? Da fuhr einer, ob mit oder ohne Weib, einfach am Sonntagvormittag nach Leipzig. Und wir zottelten nach Hause, mit mehr Hunger als an anderen Tagen. Im Frühling schwirrten seltsame Käfer durch unsere Wohnung, denn wir hatten sie samt ihrer Wiege im Rucksack entführt.

Kein Neid, nur Wundern über eine Welt, in der mein Vater mit mir Holz sammelte wie die alten Weiblein in den Kalendergeschichten. Er eignete sich nicht als Schwarzhändler. Ein Arbeiter wie viele, hatte er auch nichts auf der Leipziger Messe zu suchen oder dort verloren. Immer wieder denke ich an den kleinen Unternehmer in der Belle-Alliance-Straße, der seine Leute hinauswarf und wieder einstellte. Das Wort *feuern* dafür lernte ich erst als amerikanischen Begriff nach 1945 kennen, *hire and fire*, aber ich haßte schon als Kind diesen Westentaschenfaschisten in der Belle-Alliance-Straße.

Jahre später, viele Jahre, mein Vater war etwa 57 Jahre und bekam so um das Jahr 1956 herum Arbeit, wieder einmal in seinem chemigraphischen Beruf. Irgendein Professor hatte etwas erfunden, ein Geldgeber aus Südafrika finanzierte es. Aber es war wohl zu aufwendig oder inzwischen überholt, wie dem auch sei, eines Tages erschien zusammen mit dem Professor der nun ungeduldige Herr Goldstein aus Kapstadt in dem Labor und sagte zu meinem Vater: »Hier ist Schluß. Sie können gehen.« Da antwortete mein Vater: »Herr Goldstein, wir sind hier nicht in Afrika. Ich habe vierzehntägige Kündigung.«

Ehe er starb, bekam er noch die goldene Nadel für 50 Jahre Mitglied in seiner Gewerkschaft. Ich erinnere mich nicht, daß mein Vater mich je zu etwas ermuntert oder angehalten hätte, aber ich höre ihn immer noch sagen, als ich nach der Kriegsgefangenschaft einen Arbeitsplatz gefunden hatte: »Du mußt gleich in die Gewerkschaft eintreten.«

In meinem ersten Berliner Schuljahr schämte ich mich, weil mein Vater nicht genug verdiente, um mich auf die »hohe Schule« zu schicken, wie sie in der Volksschule genannt wurde. Ein anderer Ausdruck für *unerreichbar*. Es fehlten zwanzig Mark im Monat. Soviel Gebühr kostete der Besuch des Gymnasiums. Milchmädchenrechnung, denn die Lehrbücher wollten auch noch bezahlt sein und manches andere, das die Schulen sich einfallen lassen.

Mit einem Jahr Verspätung kam ich hin. (Da mir das einige Male passiert ist, daß ich später erreichte, was andere längst hatten oder taten, gewöhnte ich mich daran.)

Ich wurde im Friedrichs-Realgymnasium angemeldet und bestand im März die Aufnahmeprüfung. Schrieb mit einem neuen Füllfederhalter den Aufsatz, dessen Thema ich vergessen habe. Als ich im April das Gebäude zum ersten Unterricht betrat, hieß es bereits Friedrichs-Oberschule. Friedrich war selbstverständlich immer der Reiter Unter den Linden. Es dauerte ein paar Jahre, da wurde die Friedrichs-Oberschule umbenannt in Litzmann-Oberschule. Ein ehemaliger Schüler des Gymnasiums hatte es im ersten Weltkrieg zum General gebracht und die russische Stadt Lódź erobert, die während des zweiten Weltkrieges umgetauft wurde in Litzmannstadt. Der General hatte es beizeiten mit Hitler gehalten. Man stelle sich vor, Hitler hätte befohlen, daß General Litzmann in Zukunft ehrenhalber Lódź heißen solle.

Nun gehe ich mit dem Zeigefinger den Schulweg entlang, die Großbeerenstraße, die *Teltower Straße* – bald darauf umbenannt in *Obentrautstraße.* (Irgend so ein Kriegsmensch aus alter Zeit. Aber wir erzählten allen Leuten von einem über alle elterlichen Gebote vergnügungsfrohen Mädchen, das sich nachts um eins nicht nach oben traut.) An einer Großgarage vorbei und mehreren Läden führte er um die Ecke in die Belle-Alliance-Straße.

Dort sind wir an dem dunkelsten aller Novembermorgen des Jahres 1938 der Reichskristallnacht begegnet. Die großen Schaufensterscheiben waren eingeschlagen, die Auslagen zertrümmert, die Splitter sorgfältig beiseite gekehrt, um die Fußgänger nicht zu behindern. Wir mit unseren zwölf Jahren betrachteten es als Kuriosum und mit derselben Neugier, mit der wir zwei Jahre später nach den ersten Fliegerangriffen beschädigte Häuser in der Umgebung ansehen gingen und nach Flaksplittern suchten, damals unter den Jungen so begehrt wie Karten zu einem Fußballendspiel. Ich kannte keinen, der mir an Hand der Glassplitter auf der Belle-Alliance-Straße den Bombenkrieg voraussagte. Es ist wohl auch gefährlich, einem Kind gegenüber allzu offen zu sein.

Wenn ich intensiv darüber nachdenke, und ich mache es mir nicht leicht, und wenn ich alle Äußerungen von Verwandten, Bekannten und Fremden zusammennehme und auspresse, bleibt über die Reichskristallnacht ein Satz übrig: *Ach, das war auch ein jüdisches Geschäft ...?*! Kein Schimpfen, kaum ein Bedauern. Nur große Verwunderung. Man hatte das vorher gar nicht gemerkt, es den Leuten nämlich nicht angesehen und wunderte sich nun. Kein Protest, kein echtes Erschrecken, höchstens, daß man nun dort nicht mehr einkaufen konnte, weil alles kaputt war. So ein gutes Fachgeschäft. So freundliche Bedienung – und das waren auch Juden ... Lieber hätte man gesehen, der eine oder andere unhöfliche christliche Geschäftsinhaber würde als Jude behandelt – es kommt nicht immer alles wie gewünscht.

Jedenfalls begann auf solcher Grundhaltung, die hinterher von den Gesellschaftswissenschaftlern und den Tiefenpsychologen ausgedeutet werden kann, der zweite Weltkrieg. Mit diesem Gefühl des Nichtbetroffenseins ist zunächst die Stigmatisierung und später das spurlose Verschwinden der jüdischen Bevölkerung aus dem Straßenbild bemerkt und toleriert worden.

Jürgen Landeck kannte ich damals nicht. Er wohnte in Magdeburg und ist drei Jahre älter als ich. Ich lernte ihn erst auf meinem Weg zu Moses Mendelssohn kennen. Später schenkte er mir ein Buch, schrieb »allerherzlichste Grüße« hinein, ich lese, daß er als Schuljunge seine Mutter dasselbe gefragt hat wie die Kinder von Mendelssohn ihren Vater: »Ist es denn so schlimm, Jude zu sein?«

Nach der Pogromnacht des 9. November 1938 faßten seine Eltern den »Entschluß, ihrem einzigen Kind eine Fahrkarte ins Ungewisse zu kaufen. Im Mai 1939, einige Monate vor Ausbruch des zweiten Weltkrieges, begleiteten sie mich nach Berlin zum Anhalter Bahnhof.«

Zum Anhalter Bahnhof. »Ich hatte das Gefühl, daß ich meine Eltern zum letzten Mal sehen würde, und bat sie inständig, bei Abfahrt des Zuges nicht zu weinen. Meine letzte Erinnerung an meine Eltern sind für immer ihre beiden mir zulächelnden Gesichter geblieben.« Jürgen Landeck war damals sechzehn Jahre alt.

Als ich zehn Jahre alt geworden war, durfte ich auf dem Anhalter Bahnhof in einen Zug einsteigen und zum ersten Mal allein verreisen, mit allen Sicherheitsvorkehrungen, dem Schaffner anempfohlen, der mich ungeachtet meiner für die 3. Klasse gekauften Fahrkarte in ein Abteil 2. Klasse setzte. Es war schon gut und richtig, daß meine Mutter die fünf Mark nicht der Deutschen Reichsbahn, sondern dem Schaffner gegeben hatte. Und so fuhr ich in die Ferien, stolz und aufgeregt, aber doch nicht weniger gespannt als meine Dresdner Großmutter, die mich dort auf dem Hauptbahnhof erwartete.

Es ereignete sich jedoch unterwegs in jenem Abteil 2. Klasse etwas folgenschwer Belangloses, daß ich die Zeit anhalte, um zuvor eine Geschichte zu erzählen, die erst danach passierte.

Ich war dreizehn Jahre alt, als der zweite Weltkrieg begann, im September; und im Oktober, als er noch ganz jung war, kam meine Hamburger Großmutter und sagte sonntags früh: »Wir gehen nachher in die Kammerspiele.« Ein Junge weiß genau, daß die Kindervorstellung erst um 13 Uhr beginnt und nicht um zehn. Um zehn gibt es einen Kulturfilm, eine Matinee oder wie das heißt, und es ist sicher langweilig. »Du kommst mit«, sagte die Großmutter. Und Mutter auch. Der Vater ist im Krieg. Und heute gibt es keinen Film, sondern den Gauredner.

Sein Thema heißt: *Der Haß gegen England.* Strenggenommen

müßte sein Thema lauten: Der Haß gegen Großbritannien. Das aber klingt zu sachlich. Der Gauredner braucht jedoch Gefühle. Er braucht die Erinnerung bei den Erwachsenen. Und wenn die *England* hören, so hervorgehoben, fällt ihnen gleich von selber »Gott strafe England« ein. Das hat er zwar nicht getan, der Unzuverlässige, doch gaben die älteren Leute nicht ihm, sondern dem Liebknecht schuld und der Luxemburg und solchen Leuten und vor allem den Juden.

Also der Haß gegen England. Der Gauredner sagt uns erst einmal, wie gut wir sind. Deutsch sein heißt nicht bloß treu sein, sondern auch tüchtig und unerschütterlich und siegesgewiß und unbesiegbar. Und mittendrin und mehrmals kommt ihm laut der Haß gegen England hoch, damit er sich auch bei uns einprägt.

Für einen Jungen kann der Krieg noch so eine Art Spiel sein und Wettkampf. Nicht das frühzeitig abgesehene Kriegspielen mit Holzgewehr und Helm, auch nicht der Schulunterricht - Deutsch fällt aus, wenn mit Sandtüte und Feuerpatsche auf dem Schulhof das Löschen von Brandbomben geübt wird oder das Überlebensatmen durch eine nasse Unterhose, wenn die Schutzmasken nicht für alle reichen - nein, es ist so eine Art Spiel wie die Olympischen. Der Junge glaubt an eine ausgleichende Gerechtigkeit. 1870/71 gewannen wir, 1914/18 die anderen, also sind wir wieder an der Reihe. Völlig klar. Genau wie beim Fußball. Da wird nichts schiefgehen.

Der Junge lauscht, weil er zum ersten Mal in einer Vorstellung für Erwachsene sitzt. Die Mutter hört verstört zu. Ihr Mann ist im Krieg. Aber die Mutter sitzt neben ihr. Die Großmutter geht innerlich mit. Sie zeigt Begeisterung. Es sind überhaupt viele ältere Leute anwesend. Der Gauredner kommt zum Schluß. Faßt zusammen. Wir Deutschen sind so gut, haben so viel erreicht und werden noch viel mehr erreichen, denn wir haben ja den Führer. Aber eines können wir nicht. Wir hassen nicht richtig. Wir hassen noch nicht genug. Der Haß gegen England fehlt uns. Wir müssen hassen lernen. Die Jüngsten erlernen es ahnungslos im Kindergarten. Wir müssen es nachholen. Haß!

Der ist nun begründet. Aber er funktioniert nicht. In dem Jungen, ohne daß er es merkt, und ohne daß er jetzt daran denkt, hat hier das wiederholte Wort England begonnen, in seinem Gehirn an verschiedene Türen zu pochen. Die tun sich diesem Schlüssel auf.

S. 27 Anhalter Bahnhof im Mai 1945. Eine Aufnahme der »Time«-Fotografin Margaret Bourke-White

Abfahrt

aller Züge auf den Berliner Bahnhöfen

Stand vom 14. Dezember 1947

Anhalter Bahnhof

in Richtung

D 7.08	**Leipzig** 10.19 **Nur für Dienst- u. Geschäftsreisen** und nur mit gebührenpflichtiger Zulassungskarte benutzb
D 7.30	Falkenberg 10.05—**Riesa** 11.11—**Dresden-Neustadt** 12.46, Kurswagen 1. 2. Kl. Berlin—Prag (für Auslände 3. Kl. Berlin—Bad Schandau.
W 9.03	Luckenwalde 10.49—Jüterbog 11.14—**Wittenberg** 12.19—Bitterfeld 13.45—**Halle** 14.50 **Nur W**
D 11.55 Mo, Mi, Fr	Bitterfeld 14.40—**Halle** 15.12—Weißenfels 16.02—Naumburg 16.26—Weimar 17.19—**Erfurt** 17.49—Gotha 18.3 **Eisenach** 19.10 **Mo, Mi, Fr. Nur für Dienst- und Geschäftsreisen** und nur mit gebührenpflichtiger lassungskarte benutzbar
15.14	Uckro 17.30—Doberlug-Kirchhain 18.57—**Elsterwerda** 19.50.
19.29	Luckenwalde 21.17—**Jüterbog** 21.44.

Nahverkehr: Lichterfelde Süd—Ludwigsfelde

ab Lichterfelde Süd	5.22	7.00	9.22	13.22	15.22	17.22	19.22	21.22
an Ludwigsfelde	5.48	7.26	9.48	13.48	15.48	17.48	19.48	21.48

Nahverkehr: Rangsdorf—Zossen—Wünsdorf

					Sa			
ab Rangsdorf	6.01	7.31	9.31	13.16	14.46	17.23	19.16	21.20
an Zossen	6.18	7.48	9.48	13.33	15.03	17.40	19.33	21.37
an Wünsdorf	6.30	8.00	10.00	13.45	15.15	17.53	19.45	21.49

Richtung Schlesischer Bf—Bln-Charlottenburg

Reisen von ... nach **Magdeburg** und **Halle—Erfurt** verkehrenden Zügen dürf
allgemein ... burg angetreten werden. Ab Bf **Friedrichstra**
dürfen die ... W" oder „B" gekennzeichn
sind unter ... lichem Ausweis benu
werden. A ... Reisepäss

Friedrich

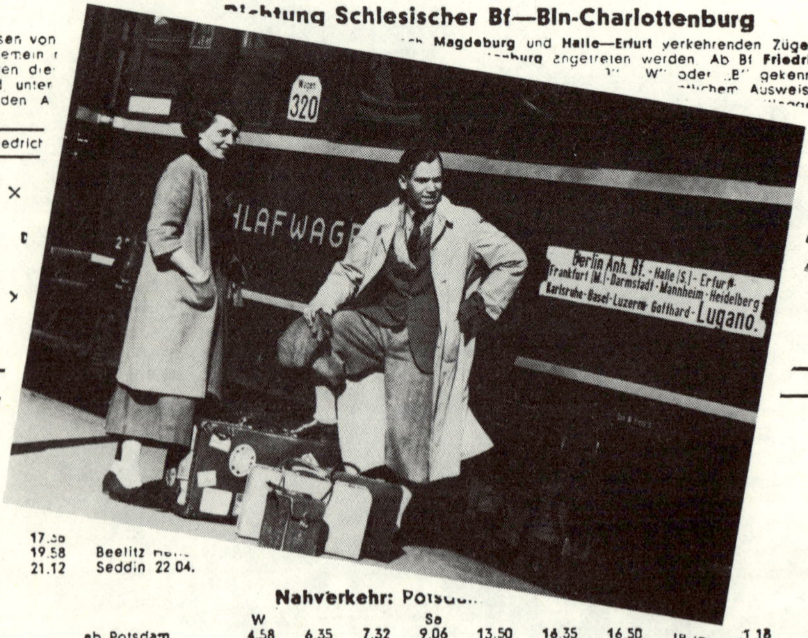

×

D ... Reisen ... fels 14

> ... 42—Os

17.36	
19.58	Beelitz Hei...
21.12	Seddin 22.04.

Nahverkehr: Potsd...

	W			Sa					
ab Potsdam	4.58	6.35	7.32	9.06	13.50	16.35	16.50	[illegible]	21.18
an Wildpark	†5.08	6.46	7.42	9.16	14.01	16.46	17.01	18.29	21.29
an Werder	—	7.05	7.54	9.29	14.14	16.59	17.15	18.42	21.41

† nach Caputh—Geltow, an W 5.20.

Die Fahrplanausarbeitungen sind nach bestem Wissen und Gewissen, jedoch ohne rechtliche Gewähr dur geführt. Mit einzelnen Verkehrsänderungen muß gerechnet werden, besonders in bezug auf den Rei zugverkehr an Sonntagen

Es ist auch noch gar nicht so lange her. Drei Jahre früher hat der Direktor allen Schülern statt Haß die Zuvorkommenheit gegen England empfohlen und ein tadelloses Benehmen gefordert gegenüber all jenen, die mit englischer Zunge reden und die Olympiastadt Berlin betreten und sich im Neuen nicht zurechtfinden und einen Berliner Jungen um eine Auskunft fragen könnten. Ausländer bringen uns Devisen. Die braucht der Führer. Seid höflich. Zeigt diesen rückständigen Demokraten, was es heißt, in Deutschland zu sein! Und wenn es eine buntbemalte Lady sein sollte - eine deutsche Frau schminkt sich nicht; aber andere Länder, andere Sitten -, wehe wenn einer lacht über die zu roten Lippen der Dame oder ihren Lidschatten oder gar »Tuschkasten« hinter ihr herruft, denn hatte nicht unlängst der Klassenleiter nationalbewußt seine Jungen angewiesen, jeder zurechtgemachten Frau *Tuschkasten* hinterherzugrölen oder direkt ins Gesicht, denn eine deutsche Frau schminkt sich nicht! Aber nun geht es um unser Ansehen in der Welt, Jungens!

Der Haß gegen England klärt alles auf. Das war vor drei Jahren und nicht jetzt. Damals mußten wir unsere Feinde täuschen. Sie waren noch stärker als wir. Jetzt haben wir eine neue Lage. Habe ich nicht gesagt, daß der Haß gegen England erst gelernt werden muß. Der Haß gegen Wales oder Schottland ist inbegriffen.

Zwei Jahre zuvor waren auch Ferien. Der Junge fährt zur Großmutter, es ist die andere. Die Mutter händigt ihn am Anhalter Bahnhof dem Zugschaffner aus, mit der Bitte, ihn bis Dresden im Auge zu behalten. Damit der Schaffner das richtig tun kann, steckt er das Fünfmarkstück in die Hosentasche und setzt den Jungen in die 2. Klasse. Da sitzen schon Leute auf den Polstern und reden wenig.

Nur ein älteres Ehepaar unterhält sich. In englischer Sprache. Ein wenig von dieser Sprache hat der Junge in den letzten drei Monaten in der Schule gelernt. Sie sind die erste Klasse, die als erste Fremdsprache Englisch lernt. Bisher nahm man Französisch. Es ist wegen des Flottenabkommens mit England, hat der Direktor gesagt, der selber das neue Lehrbuch geschrieben hat. Der Führer wünscht gute Beziehungen mit Albion.

Einen Satz versteht der Junge. Die Lady sagt zu dem Lord - wer sonst könnte in der zweiten Klasse reisen? - etwas von den Bäumen [trees] draußen und den Vögeln [birds]. Aber ob sie nun gesagt hat »Da sind Vögel auf den Bäumen« oder »Da sind keine Vögel auf den Bäumen«, das versteht der Junge nicht.

Die Lady links neben ihm ähnelt der Königin von England in der »Berliner Illustrirten«. Noch kann er nicht gut beobachten (also vergleichen), sonst würde er den hohen Haarschwung beschreiben, die Eleganz der Königinmutter, den imponierenden Hut. Und der Lord, stellvertretend für alle pensionierten Colonels, den Bart wie Eduard VII. geschnitten und sicher noch einen Groll gegen den VIII. Eduard im Herzen (der hat abgedankt und dem Thron ein schönes Weib vorgezogen), der Lord im Abteil trug einen weißen Schnurrbart, wie er alten Herren mit zu hohem Blutdruck immer gut steht.

Aber noch ist der Junge ein Junge. Er hat längst seine Rätselzeitung herausgezogen und den frisch gefüllten Halter. Ein Fluß mit vier Buchstaben, das ist die Elbe, bald wird er sie wiedersehen und die Weinberge und den Rathausturm und die Vogelwiese – da läßt der Füllhalter einen Tropfen fallen, kleckert los wie ein Vogel [bird], trifft das nackte Knie [knee], zum Glück nicht die Hose.

Was nun tun? Kein Löschblatt zur Hand, kein Lappen. Der Griff nach dem Taschentuch ist undenkbar. Tintenflecke gehen nie wieder 'raus. Mit dem Rätselheft aufsaugen? Dessen Papier zieht nichts an. Mit dem Handballen verreiben, aber wie sehen Knie und Hand dann aus? Stummes Entsetzen, große Hilflosigkeit. Da hält die Lady schon ihr Taschentuch in der Hand wie die englische Königin in der Wochenschau, weiß, zusammengefaltet und tupft ihn weg, den Fleck. Ohne Lächeln, ohne eine Bemerkung. Vornehm und selbstverständlich. Und wortlos. So entsteht keine Vertraulichkeit zwischen ausländischer Hand und ausländischem Knie, deutscher Tinte und englischem Batist.

Und so gibt es auch kein Dankeschönsagen, nur ein Stammeln und ein ungeheures Verwundern. Und die Verblüffung bleibt: Darf man denn mit einem weißen Taschentuch blaue Tinte wegwischen? Von einem fremden Knie, wo es doch beim eigenen schon undenkbar ist?

Er funktioniert nicht, der Haß gegen England. Was haben sie schon angerichtet, die reisenden Engländer! Was können sie ausrichten, die reisenden Menschen?!

Steigender Bedarf. Zwei Tage vor Weihnachten kommt Erich Mühsam aus der Haft zurück. 1924. Tausende Arbeiter erwarten ihn am Anhalter Bahnhof und werden von der Polizei auseinandergeknüppelt, als sie die »Internationale« anstimmen.

Als etwa zur selben Zeit Harry Domela, den kaisertreue Kreise der Weimarer Republik mit einem Sohn des abgedankten Kaisers verwechseln, am Anhalter Bahnhof abfährt, wird er vom Oberbahnhofsvorsteher in ein rotes Plüschabteil 1. Klasse geleitet.

Wer zählt die Flüchtlingstransporte vor Kriegsende, wer die Hamsterzüge nach Kriegsende? Wer hat die heimlich nachts in Straßenbahnen zum Deportationsbahnhof gefahrenen Juden bemerkt und nicht angehalten?

Die Glanzzeit des Bahnhofs ist endgültig vorbei. Er wird noch sieben Jahre nach der Kapitulation benutzt. 1959 wird er gesprengt. Ein Ruinendenkmal bleibt stehen, ein Stück der Vorderhalle, das auf vier Säulen sich stützende Eingangsportal mit verstümmelten Figuren. Irgendwo in der halbdunklen Halle stand in einer Nische Stephensons Denkmal: die erste Eisenbahn.

Nichts ist abgesperrt. Keine Umleitung. Keine Militärmusiker, die ihre Instrumente aus den Hüllen wickeln! Keine Rote Kapelle. Noch gelassener als Libertas Schulze-Boysen am 3. September 1942 geht Rosi Nante auf den Anhalter Bahnhof zu, denkt nur betroffen an diese Frau, die sich bei Freunden verbergen wollte und auf dem Anhalter Bahnhof festgenommen wird.

Rosi Nante, nach ihrer Rückkehr erzählt sie das, streicht nur einmal über die zugesperrte Holztür am Eingang. So legt man die Handfläche an den Halberstädter Dom, an die große Pyramide in Gizeh, an die Kanone der »Aurora«, an die Brüstung der Karlsbrücke.

Also keine offizielle Einweihungsfeier am 17. Juni 1875, sondern im engen Kreise, den Sonntag darauf. Vormittags hin, abends zurück. Wer nimmt teil? Der Geheime Oberbaurat Heise, Bankiers, Kommerzienräte, Aktionäre – da bin ich entbehrlich. In zwölf Jahren ist die neue Bahn pleite. Das private Konto der Beteiligten bleibt zwar sehr gesund, doch die Aktien-Gesellschaft kann nicht mehr und wird ihre Papiere dem Staat anbieten, der kauft die Bahn, er muß, es bleibt ihm gar nichts anderes übrig. Wie gern würde ich einigen, die da brav einzahlen, heute schon mitteilen, daß dann an der Börse keine Berlin-Dresdner-Eisenbahn-Aktien mehr gehandelt werden.

Es glaubt mir ja keiner im Augenblick des Sonderzuges, der als Neuheit durchgehende Gasbeleuchtung führt. Unter den Wagen befinden sich metallene Gasballons, mit sechs Atmosphären Druck gefüllt. (Das erinnert mich an den knackenden Durchlauferhitzer nebenan, schnell weiter.) Neu ist die Einrichtung eines Schlafzimmers. Der Schaffner stellt mit wenigen Handgriffen ein vollkommenes Matratzenlager mit Keilkissen her. »Es ist räumlich genug, um einer Person von distinguiertem Umfang eine bequeme Lagerstelle zu bieten«, sagt Herr Reichard von den »Dresdner Nachrichten« zu Dr. Kletke von der »Vossischen Zeitung«, als die Journalisten vor der Abfahrt den Zug besichtigen.

»Da hätte doch der arme Kossak mitreisen können, der nun schon mehrere Jahre gelähmt ist –«, sagt jemand, den ich nicht gleich erkenne, ich bin aufgeregt unter so vielen berühmten Journalisten. Vom Feuilleton sind die besten Herren eingeladen. Unser Freund Glaßbrenner (von der »Montagszeitung«), der »Kladderadatsch«-Chefredakteur Dohm, der hat Wilhelm Scholz, seinen vortrefflichen Zeichner, mitgebracht. Dr. Ludwig Pietsch von der »Vossischen Zeitung«, mit Fontane befreundet (der ist hier leider nicht dabei). Pietsch ist Reiseschriftsteller und tonangebender Feuilletonmann im Kunstleben der Hauptstadt.

Mit wem sich hier zusammensetzen? Einmalige Gelegenheit. Wie oft führt einen das Alphabet, der Rang oder der Zufall mit interessanten Menschen oder mit den falschen zusammen bei einer Zwangstafel, und wenn man es sich aussuchen kann, wen sucht man sich aus, das ist ja schon wichtig bei Versammlungen, daß da jemand sitzt, zu dem man halblaute Bemerkungen machen kann, Situationskomik. Verse machen, Lach-Losungen, Bildgeschichten, Allotria.

Mit Glaßbrenner kann ich über Glaßbrenner reden. Mit Dohm über David Kalisch, den Mitbegründer des »Kladderadatsch«, und ihn fragen, ob Kalisch der Verfasser jenes anonymen Feuilletons gewesen ist in ihrer ersten Nummer im Berliner Frühling 1848, oder wer hat es geschrieben? Der Zeichner Scholz müßte sich an seine frühere Zusammenarbeit mit Kossak erinnern, dessen Berliner Bilder noch in hundert Jahren zu lesen sein werden, ungeachtet ihres vergessenen Autors. Dr. Pietsch ist vielleicht zu vornehm, um zwanglos zu plaudern, aber er war bei der Einweihung des Suezkanals dabei. Er kann erzählen, was nicht in seine Zeitung kam.

Siggi kommt. In feinem Paletot. Siggi Haber vom »Ulk«. Sein eigener Chefredakteur. Da redet ihm kaum einer rein. Alle Woche die Beilage zum »Berliner Tageblatt« liefern. Siggi Haber, der Zeitungsfiguren erschaffen hat und mit ihnen spricht wie ein Bauchredner. Seine nächste Ausgabe druckt, da kann er den Kollegen das Neueste über die Anhalt'sche Bahn erzählen, auf der so viele Unglücke passieren.

»Det ließe sich doch so leicht abhelfen. Man läßt janz einfach jeden Zug eine halbe Stunde früher abgehen. Die Passagiere kämen dann allemal zu spät auf den Bahnhof. Der Zug wäre futsch, aber die Reisenden gerettet.« Das Wort *schwarzer Humor* gibt es noch nicht ...

Haber trägt seine Tasche ins Abteil. Die anderen wechseln das Thema. Statt aktueller Unglücke lieber über Politik reden.

Belle-Alliance, Waterloo? Königgrätz! Aber nicht mit uns Sachsen! Die Rangierlokomotive »Herkules« ist 1866 mit gellendem Pfiff aus dem Bahnhof Elsterwerda vor der heransprengenden preußischen Husarenpatrouille entflohen und nicht in die Hände des Feindes gefallen. (Goldene Zeit, als die Lokomotiven noch Namen hatten.)

Längst ist der Frieden ausgebrochen. Die verbindende Bahn. Man wettet, wer die meisten Namen kennt. Von den 27 zur Eröffnung bereitstehenden Lokomotiven sind 18 in Berlin gebaut worden. Die Courierzüge heißen nach den Flüssen Elbe, Moldau, Spree und Elster. Die Güterzüge werden von Chemnitzer Lokomotiven gezogen, sie sind nach den Stationen benannt: Berlin, Dresden, Großenhain, Zossen, Baruth, Dobrilugk – »Kirchhain!« ruft jemand dazwischen, ein Preuße sicherlich. Elsterwerda, Luckau, Sonnenwalde.

Kalisch probiert ein Gedicht aus den Namen der Güterzuglokomotiven:

\- - - - - - - - - - - -

Zschille, Abel, Handjery,
Wrede, Heise, Schulz und Friesen,
Knesebeck, Plaut, Gravenstein,
Pfotenhauer, dann Gireau,
Keil und Achenbach.

»Ähnliche Knüppelverse wie sonst in Ihrem Blatt«, sagt einer vom Telegraphenbüro.

»Wenn ich Namen erfinden müßte«, Glaßbrenner überlegt nicht lange, »dann so etwas wie *Fliegender Frankfurter* und *Fliegender Münchner.*«

Dr. Pietsch hüstelt. Er fürchtet, es könnte jemand in der Nähe stehen und Notizen machen, die später, wer weiß, wieder einmal gegen Glaßbrenner verwendet werden könnten.

Auf dem Bahnsteig steht ein Postmensch mit einem Schild an langem Stiel: »Annahme von Gesprächen und Telegrammen«. Daneben das Symbol des öffentlichen Fernsprechers.

»Vermitteln Sie mir ein Gespräch?« frage ich.

»Wohin, bitte?«

»Mit dem Herrn dort.«

Da kommt Heinrich Seidel mit einer Gruppe ausländischer Ingenieure, erklärt ihnen die Dachkonstruktion. Zu den Amerikanern sagt er: »Wenn Sie sich nach dem Belle-Alliance-Platz orientieren, am Rondell, ich meine, das Strategische Bomber-Kommando, dann treffen Sie den Anhalter Bahnhof auf alle Fälle.«

Ich nehme ihn beiseite. »Herr Seidel, ich bitte Sie, wie können Sie so über Ihr schönstes Geschöpf reden, Ihre Bücher natürlich ausgenommen. Die Vernichtung Ihres Bahnhofs ...«

Seidel holt eine dicke Zeitschrift aus der Aktenmappe, »Großdeutscher Verkehr, Heft 14/1941«. Und pocht mit dem Fingerknöchel darauf. »Naja«, sage ich, »damals fuhr alles gen Osten.« »In diesem Heft«, sagt Heinrich Seidel, »schreibt ein Bahnmensch, der es wissen muß: *Wenn in einigen Jahren der Anhalter Bahnhof in Berlin seine Pforten für immer schließt* ...«

»Was denn«, sage ich, »der ahnt den Untergang voraus? Der traut sich 1941 zu schreiben, daß bei Kriegsende alles kaputt sein wird?«

»Umgekehrt«, sagt Seidel. »Er spricht vom Berlin nach dem Endsieg. Hitler wollte - und Speer hat es ihm aufgemalt - die Bahnhöfe der Innenstadt entfernt haben zugunsten eines Südbahnhofs. Meinen Anhalter Bahnhof wollte er abreißen lassen, der Hitler. Meinen Anhalter. Da sollen ihn lieber die Amerikaner zerbomben, finden Sie nicht?«

Finde ich. Und fahre nach dem Kriege noch einmal dort ab. Unter freiem Himmel, nichts ist übrig vom höchsten Dachfirst aller deutschen Bahnhöfe. In Richtung Dresden. Das dauert 1949 ein paar Stunden länger.

1936: Berlin – Dresden = eine Stunde 41 Minuten, Reisegeschwindigkeit 106,9 km/h.

Aber dafür ist Heinrich Seidel nicht zuständig. Er führt uns sieben Jahre vor der Eröffnung das fertige Wunder vor, das ist allerhand. Wie machen Sie das?

»Ich hab's doch im Kopf«, antwortet er.

Da kommt Stettenheim. Er fragt gleich: »Halten wir unterwegs an? Ich sehe keinen Speisewagen?«

»In Kirchhain-Dobrilugk«, ruft der zur Betreuung der Journalisten eingeteilte Unterchef der Eisenbahngesellschaft. »Dort ist ein feines Frühstück vorgesehen, meine Herren.«

Julius Stettenheim und Reichard streiten sich eine Weile, ob der Ort, an dem sich zwei Linien kreuzen, nicht andersherum heiße, Dobrilugk-Kirchhain. Man einigt sich, daß die Sachsen den einen, die Berliner den anderen Namen als ersten setzen dürften. So kommt keiner zu kurz, niemands Protokoll wird beeinträchtigt.

»Außerdem liegt die Station genau in der Mitte zwischen Dresden und Berlin«, sagt Pietsch.

»Genau in der Mitte ...«, wiederholt Stettenheim. »Dann ist das der rechte Ort, um - verzeihen Sie das harte Wort - seine Eisenbahnen im Feuer zu halten.«

Ich wollte versuchen, im Abteil einen Platz neben Stettenheim zu bekommen.

»Das Zugpersonal trägt grüne Waffenröcke«, sagt der Unterchef, worüber Glaßbrenner eine halblaute Bemerkung macht, in der das Wort *Moltke* vorkommt. »Statt der bisher üblichen Pfeifen gibt es Signalhörner, die am Schalloch noch eine Trillerpfeife haben, welche nur zum Haltesignal benutzt wird.« Dohm winkt seinem Zeichner. Er sieht die Karikatur: Kredithaltesignale im Abgeordnetenhaus.

Kann der Verfasser die Journalisten nicht lieber darüber diskutieren lassen, daß August Bebel kürzlich aus dem Gefängnis entlassen worden ist und daß erst vor wenigen Tagen in Gotha ein Kongreß stattfand, dessen Programm - aber die Kritik daran von Karl Marx liegt doch sowieso noch fünfzehn Jahre in der Redaktion, ehe sie gedruckt erscheinen wird.

Kann der Verfasser, der ein anachronistischer Chronist zu sein vorgibt, nicht wenigstens einen sozialdemokratischen Journalisten an der Einweihungsfahrt teilnehmen lassen? Zwar wird der »Vorwärts« erst in anderthalb Jahren gegründet, es fehlt an Geld und Kadern, später fehlt es an Geld, noch später an Kadern. Das ist schlimmer. Mit Geld kann man immerhin eine schlechte Zeitung machen.

Ich traue mir die Berichterstattung für die Arbeiterpresse zu, deshalb will ich neben Stettenheim sitzen und ihn fragen. Und Julius Stettenheim, der gute, friedliche Mann, wird mir antworten, daß er auf einen Krieg wartet, irgendwo.

Er wird ihn bekommen, in knapp zwei Jahren, wenn fern in der Türkei die Türken und die Russen aufeinanderschlagen. Dann endlich kann Stettenheim seine Idee verwirklichen, die er im deutsch-französischen Krieg hatte, aber damals nicht schreiben konnte: einen Militärjournalisten schaffen, einen Kriegsberichterstatter, so absurd wie der Krieg. Ein Mann, der in Bernau bei Berlin wohnt und diese Stadt nie verläßt, aber von dort lebhafte Beschreibungen an seine Zeitung liefert über Schauplätze, an denen er nicht ist, Augenzeugenberichte nach Gutdünken. Das ist ein sehr ernster Spaß.

Natürlich wird das etwas albern aufgemacht, damit man es ihm abnimmt, natürlich gibt es viele Wortspiele, der Mode entsprechend, und dennoch ab und zu einen Schlag, so daß ein nachdenklicher Leser merkt, was los ist. So grotesk, wie der Journalist Wippchen aus Bernau die große Politik schildert, ist sie vielleicht wirklich. So werden Tatsachenberichte gemacht. So werden Zeitungen gemacht. Deshalb wartet Stettenheim, bis irgendwo ein Krieg, der sowieso ausbrechen wird, beginnt, denn wenn es jetzt über Schlachtfelder ginge, ahnte auch der Dümmste, daß der deutsch-französische Krieg gemeint sein könnte, und nimmt übel. Trotz der Gründerjahre kann eine Zeitung schnell eingehen, ein loser Mund verschlossen werden. »Fragen Sie den Kollegen Glaßbrenner«, sagt Stettenheim. Er hat seinerzeit bei ihm gearbeitet.

Es ist ein paar Minuten vor zehn. Dann soll die Fahrt beginnen. Aber noch stehen viele Gäste auf dem Bahnsteig, rauchen und unterhalten sich. Das Grüppchen der Journalisten wartet. Vielleicht gibt es eine Ansprache.

Da taucht eine Dame auf, so eilig, wie eine Dame geht und gehen kann in der damaligen Mode, von einem Gepäckträger geleitet, und mustert gesenkten Blickes die Herren vom Blätterwald, die sich ihr zugewendet haben, als sie näher kommt und sogleich auf Dr. Kletke zugeht, der seriös genug wirkt, um von einer jungen Dame gefragt zu werden, ob dies der richtige Zug nach Dresden ist.

In der nächsten Minute ist die Dame, die statt einer Fahrkarte jägergrüne Augen besitzt und statt einer Einladung eine solche Unterlippe, so integriert, daß der sich nähernde Unterchef der Bahn nicht zu fragen wagt, welches Blatt sie vertritt; und falls er fragt, weil seine Chefs ihn fragen könnten, denn die Dame ist schön, werden ihn die Herren von der Presse anknurren, ob er wohl noch nichts von der »Gleichheit« gehört habe ... Sie sagen *Egalité*, das klingt vornehmer und überzeugend. »Charmante Person von distinguiertem Umfang«, sagt Reichard.

»Die schönen Züge einer Frau sind oft die Schnellzüge ins Verderben«, meint Stettenheim. Alle mögen, wie sie lächelt. »Einsteigen«, schreien sämtliche Schaffner.

»Für alleinreisende Damen haben wir ...« sagt der Zugführer

mit silberner Kokarde und öffnet das Damen-Coupé. Doch Rosi Nante lehnt ab; muß sie nicht auf diese unruhigen Herren achten, Männer sind Kinder, sie wird aufpassen müssen während der langen Fahrt, was sie mit ihren Knien machen. Gibt's Tintenflecke? Dr. Pietsch steckt dem Schaffner fünf Mark in einen Schlitz. Jetzt dürfen alle Journalisten in die 2. Klasse.

Und sie darf als erste einsteigen in den Wagen mit rotem Plüschbezug. Sie stellt ein Bein auf das hohe Trittbrett, hat die linke Hand am linken Griff und wendet sich zu den Journalisten, die ihr behilflich sein wollen, einmütig und übermütig.

»Jetzt habe ich einen Fuß in Berlin«, ruft sie, »und den anderen in Dresden.«

»Da möchte ich in Doberlug-Kirchhain sein!« antwortet Glaßbrenner in unser aller Namen. Nicht enden wollender Jubel.

Das kann ja heiter werden. Also steigen wir erst mal ein. Aber da kommt von hinten ein Mann und sagt zu mir, daß ich nicht mitfahren kann.

Und da sind auch schon zwei Schandarme, die mich an den Händen fassen und unauffällig, denken sie, vom Zug entfernen. Niemand von der fröhlichen Gesellschaft hat etwas bemerkt, keiner will das. Jeder kann, falls man ihn jetzt gleich oder später fragt, antworten: *Er* weiß nichts. *Sie* hat nichts gesehen. *Wir* waren nicht dabei.

Versuch
über
Vergleichsbilder

Am 8. November 1763 wurde in Chambéry, der Hauptstadt der französischen Provinz Savoyen, ein origineller Mensch namens Xavier de Maistre geboren, der in Sardinien eine militärische Karriere begann, später in russische Dienste trat und am 12. Juni 1852 als Generalmajor in Petersburg starb. Doch allein als Schriftsteller hat er sich ein wenig auf die Nachwelt fortgepflanzt, das ist völlig richtig und schön und gerecht; kaum einer hierzulande kennt, was de Maistre geschrieben hat. Vielleicht ist der Titel seines bekanntesten Buches einigen geläufig, aber wer las oder liest »Die Reise um mein Zimmer«, auch übersetzt als »Beschreibung meiner Reise rings um mein Zimmer«?

Das klingt wie der Titel eines Feuilletons. Und deshalb interessierte das Buch mich so, daß ich lange danach suchte, bis ich 1973 in einem Lesesaal eine Stunde darin blätterte und es doch nicht so aufregend finden konnte, wie ich mir ausgemalt hatte, denn unwillkürlich schafft dieser Titel allein ein Kette von Bildern im eigenen Zimmer, verursacht ein anderes Umherblicken als sonst. So bleibt de Maistre ein Ermunterer, aber kein Muster. Für mich. Sainte-Beuve, der ihn im Original lesen konnte und vielleicht besser verstand, bemerkte über ihn: »Er wurde ein anmutiger, feinsinniger und ergreifender Erzähler, ohne danach gestrebt zu haben; er wußte unter allen Himmeln im verborgenen seine Oliven- und Orangenpflänzchen zu hegen, ohne zu ahnen, welche seltenen Bäume sich daraus entwickeln würden.« Dieses Zitat, langsam gelesen, macht neuen Leseappetit auf diesen seltsamen Reisenden.

Die Entstehung seines Buches verdient Aufmerksamkeit. Wer reist als junger Mann durch sein Zimmer anstatt durch die Lande? Ein Kranker? Ein Gelähmter? Ein Gefesselter. De Maistre war gelinde angebunden, sechs Wochen Stubenarrest wegen eines Duells. Dort ist die Reise geboren und in den nächsten vier Jahren geschrieben worden, auch eine »Nächtliche Reise« gehört noch dazu. 1794 ist das Buch in Turin erschienen, deutsch 1798 in Basel, 1814 in Petersburg. Wie gesagt, ich fand keinen Grund, mich mit de Maistres eintöniger Reise aufzuhalten, wäre da nicht ein auffälliges Kapitel gewesen, Kapitel 12, das im Buch so aussieht:

. . . .
. . . .
. . . . der Hügel . . . .
. . . .
. . . .

Ob es sich dabei um eine erotisch gemeinte Anspielung handelt, wie ein späterer Kommentar andeutet, oder nicht, viel triftiger ist die Beziehung zu einem anderen Reisebuch, zu Heinrich Heines »Ideen. Das Buch Le Grand«. Und merkwürdigerweise ist es dort auch das zwölfte Kapitel, das so aussieht und lautet:

Die deutschen Censoren -
- -
- -
- -
- -
- - - - - Dummköpfe -
- -
- -
- -

Hat Heine den de Maistre gelesen? Wir wissen es nicht. Fritz Mende, der wohl am besten weiß, was Heine gelesen hat, nennt den französischen Autor nicht in seinen Registern. Aber sollte das Zusammentreffen von zwei so eigenartig gebauten und mit der römischen XII numerierten Kapiteln ein Zufall sein? Ich bin für die bewußte Anspielung des Jüngeren auf seinen Vorgänger, dessen Methode ihm gefiel und die er genial anwandte. Es ist eine vorbildliche Anspielung, weil sie dem damaligen Leser und Kenner ein zusätzliches Vergnügen bereitet, dem heutigen Leser, der nicht einmal de Maistres Namen gehört hat, jedoch nichts von seinem Lesegenuß nimmt, im Gegenteil, die mittlerweile verstrichene Weltgeschichte hat ihn sogar noch erhöht oder vertieft.

Alle beide, de Maistre und Heine, hatten ihren Lawrence Sterne gelesen und geliebt. Und: Heine kannte Sternes »Sentimentale Reise« (1768), die mitten im Satz mit einem Gedankenstrich endet. Im Mai 1826 hat Heine in Hamburg Sternes »Tristram Shandy« gelesen, im November dieses Jahres arbeitet er an den »Ideen. Das Buch Le Grand.«

Bei Sterne gibt es über ein Dutzend Stellen mit Pünktchen, Strichen oder eben Sternen. Einmal ersetzen sie ein ganzes Kapitel, ein andermal sieht das so aus:

– war es nicht Liebe, denn während der drei Wochen, die sie ununterbrochen bei mir war, mir Tag und Nacht eigenhändig heiße Umschläge machte, mußte ich ehrlich gestehen, Euer Gnaden, daß + + + + + +
+ +

+ +
+ + + + + + + + + + + + + + einziges Mal.

Oder so: Meine Mutter ging hinunter, und mein Vater fuhr fort, den Abschnitt wie folgt zu lesen +
+ +
+ +
+ +
+ + + + + + + + + + + + + + + + + nein, wenn es diesen Vorteil hat ...

Aber in einem zwölften Kapitel des aus neun Büchern bestehenden Werkes von Sterne gibt es keine solche Stelle, jedoch lautet das gesamte zwölfte Kapitel des achten Buches:

»Nicht um alles in der Welt möcht' ich sie anrühren, habe ich gesagt? Gott, wie habe ich nicht meine Phantasie mit diesem Vergleichsbild erregt!«

Nun könnten wir von Rabelais reden, von dem Sterne gelernt und übernommen hat, von Jean Paul, dem Sterne-Schüler, von Goethe, der Sterne nachsagt: »Er war der erste, der sich und uns von Pedanterei und Philisterei emporhob.« Und: »Er ist in nichts ein Muster und in allem ein Andeuter und Erwecker.«

1827 hatte Goethe einen kleinen Aufsatz unter dem Titel »Lorenz Sterne« mit den Worten begonnen: »Es begegnet uns gewöhnlich bei raschem Vorschreiten der literarischen sowohl als humanen Bildung, daß wir vergessen, wem wir die ersten Anregungen, die anfänglichen Einwirkungen schuldig geworden« –

Es war ein Stapel Bilder von einem Fotografen aus Liberec, die mich auf den Gedanken brachten, Feuilletons zu Fotos zu schreiben. Daraus wurde aber nichts, weil die technischen Schwierigkeiten zu groß schienen, jedenfalls den zögernden Herzen der damaligen Entscheider.

Ein Foto blieb auf meinem Tisch, verschwand nicht gleich mit den anderen im Schrank, wo sie heute noch liegen. Es war das Bild eines verstorbenen Baumblattes. Jede Blattrippe, jede feine Verästelung war zu sehen, und das sah aus wie ein seltsamer Stadtplan, vom höchsten Vogel aufgenommen, eine biologische Luftaufnahme – und da schob sich ein anderes Luftbild davor, das ich 1945 in amerikanischer Kriegsgefangenschaft aus der inzwischen verblichenen Illustrierten »Life« gerissen hatte, eine Anzeigenseite, es ging um Treibstoff oder Flugzeugmotoren, und das Foto zeigte eine viermotorige Boeing, von oben gesehen, aufklärend oder bombardierend über Berlin, das wie ein Stadtplan unter ihr liegt.

So nahe, daß man den Landwehrkanal erkennt und das Hallesche Tor, und so fern, daß kein Hakenkreuzfähnchen und kein Gestapohauptquartier auszumachen ist, man weiß nur mit unbewaffnetem Auge: noch sind sie da. Aber nicht mehr lange. Als ich den Ausschnitt des Stadtbildes erkannte – die sanfte Schlange der Spree, den Kreis des Belle-Alliance-Platzes, die Friedrichstraße, den Anhalter Bahnhof –, erschrak ich, denn dort in der Nähe wohnten wir, und ich suchte die Stelle und fand die Häuserreihe; trotz der Wolkenfetzen und der Umrisse des Bombers war gerade dieser Teil gut zu sehen – vielleicht galt die Anzeige auch der Kodak-Qualität oder Luftbildkameras –, jedenfalls, ich glaubte zu entdecken, was ich gern sehen wollte: dort lag keine Trümmerlandschaft, keine Qualmwolke stieg auf wie vom Tempelhofer Flughafen auf diesem Bild. Wir wohnten im obersten Stockwerk, vier Treppen hoch. Es hingen plötzlich Hoffnungen von mir an diesem Zeitungsbild.

Das alles fiel mir ein beim Betrachten des winterlichen Stadtplanes auf dem Blatt, gestochen scharf wie jene Luftaufnahme, diesmal noch schärfer, denn ich sah mich selber dort; und weil ich aus ganz anderem Grunde niedergeschlagen war und bekümmert, fing ich an, in die Maschine zu schreiben: »Was suchen Sie denn? fragt man mich, wenn ich stehenbleibe in Berlin und auf meinen Stadtplan blicke.«

Das war der Beginn jener kleinen Stücke über Berlin, in die ich beim zweiten Anlauf Sätze und Wörter in Großbuchstaben einbaute, damit ihre durch eine Fußnote erklärte pointierende Herkunft aus den »Briefen aus Berlin« von Heinrich Heine deutlich sichtbar sei. Die meisten Teile dieses Feuilletons sind in »Täglich geöffnet« gedruckt worden, darunter auch der folgende:

LITERARISCHE NOTIZEN GIBT ES HIER IN DIESEM AUGENBLICK SEHR WENIGE! AN DICHTERN FEHLT ES NICHT? ABER AN GUTEN GEDICHTEN. DOCH LASST UNS ETWAS VERNÜNFTIGES SPRECHEN -
- -
- - - REISSE ICH MICH LOS AUS DER LIEBLICHSTEN UMARMUNG -
- -
- -
- -

Das war die Fassung, die der Verlag akzeptierte. Es war die Sternesche Variante, die erotische. So steht sie im Buch »Täglich geöffnet« von 1970. Im Manuskript hatte die Stelle so ausgesehen:

LITERARISCHE NOTIZEN GIBT ES HIER IN DIESEM AUGENBLICK SEHR WENIGE, OBSCHON BERLIN IHR HAUPTMARKTPLATZ IST. HIER SIND IN DIESEM AUGENBLICK WENIG GUTE BELLETRISTISCHE SCHRIFTEN ERSCHIENEN! AN DICHTERN FEHLT ES NICHT, ABER AN GUTEN GEDICHTEN. WO SIND DIE SÖHNE UNSERER GROSSEN DICHTER? WO SIND UNSERE GROSSEN DICHTER SELBST? STILL, STILL, --
----

------JUBELPOESIE------------------------

So steht es im Sammelband der Heinrich-Heine-Preisträger »Ich hab ein neues Schiff bestiegen«, der im Heine-Jahr 1972 erschien. Stattdessen mußte in diesem Buch ein Satz entfernt werden, der seinerzeit in »Täglich geöffnet« unbeanstandet geblieben war.

Auf der Veranstaltung in der Berliner Kongreßhalle, als zu Heines 175. Geburtstag die Heine-Preisträger der DDR aus eigenen Werken oder von ihnen ausgewählten Schriften Heines etwas vorlasen, trug Bruno Kaiser das Kapitel XII aus dem »Buch Le Grand« vor ...

Wenn ich mir jetzt mein Feuilleton über Berlin ansehe, gespickt mit Heine-Sätzen, dann ist es zwar in drei Büchern in drei Verlagen erschienen, aber immer nur in Teilen, niemals vollständig, was nicht bedeutet, daß --------------------------
----
------------------Kapitel XII------------------.

Stadtmitte
umsteigen

Wer mit der Untergrundbahn in Richtung *Thälmannplatz* fährt, am Bahnhof *Stadtmitte* aussteigt und in Fahrtrichtung weitergeht, der wird beim Verlassen des Bahnsteigs, sobald er die Normaluhr passiert hat, nichts Auffälliges bemerken. Ein breiter Ausgang. Fahrscheinentwerter, dahinter eine Treppe, nach oben. Sehr viele gehen dort täglich hinauf.

Wer aber beim Verlassen des Bahnsteigs die Augen niederschlägt, kann an der Verfärbung des Fußbodens erkennen, daß ein etwa wohnzimmergroßes Quadrat sich abhebt vom übrigen Untergrund. Es hat sich der Umgebung nicht anpassen können in all den Jahren. Das ist kein Anlaß zur Unruhe. Der Boden hält. Wir stehen auf festem Grund; wahrscheinlich ist der Beton gut. Nur die Verfärbung müßte stutzig machen. Zögert niemand vor dem Fleck auf dem Boden, der aussieht wie feucht oder wie noch nicht restlos getrocknet?

Aber wozu. Wir sind nicht auf das Parkett von Edgar Allan Poe geraten, unter dem die Leiche eines alten Mannes verborgen liegt. Das verräterische Herz klopft hier nicht. Und wenn, dann ist es kein fremdes. Wir sind ebensowenig im Keller von Poe; kein Gedanke, daß hinter Mauerwerk eine Leiche versteckt sein könnte. Jede Erinnerung schön zugemauert. Bis auf den schwarzen Kater. Er lebt noch und schreit.

Es ist wie im Tal der Könige. Howard Carter wird bemüht. Er kommt wie gerufen. Eine Stelle, die sich merkwürdig genug durch ihre regelmäßige Form abhebt und auffällig macht. Sie hacken die Steine weg, graben, räumen Geröll beiseite und entdecken Stufen. Grobe Stufen, die nach unten führen, bis dort nach weiterem Graben ein unterirdischer Gang beginnt. Zwar fehlt noch das Hinweisschild »Essen und Fotografieren im Grab von Tutanchamun ist streng untersagt«, aber es wird eines Tages angebracht werden.

Howard Carter, der Ausgräber, wenn wir uns in seine Lage versetzen, wenn wir uns seine Beharrlichkeit aneignen und neugierig stehenbleiben am Westausgang von Stadtmitte und auf den Boden starren, ihn durchschauen ...

Das geht ohne Geräusch. Kein Preßluftbohrer ist notwendig, keine Pickhacke, keine Räumkolonne. Nicht einmal eine Genehmigung. Nicht im Handumdrehen, aber nach und nach löst sich beim Nachdenken die Betondecke auf und verfliegt wie Rauch. Nun geben die darunterliegenden Stahlträger der Erinnerung nach und rücken beiseite. Stufen werden sichtbar. Eine Treppe ...

»... und mit mühsam unterdrückter Erregung beobachtete ich,

wie die abwärts führenden Stufen der Treppe eine nach der anderen ans Tageslicht kamen.« [*Howard Carter*]

Eine breite Treppe. Und wo sie unten endet, beginnt ein Gang. Der geht weiter als das Auge reicht. Doch jetzt reicht das Auge weiter und blickt tief in den unterirdischen Gang hinein. Du meine Güte, sagen die Leute.

Jeder Gang lockt mit seinem Ende. Ganz besonders dann, wenn kein Ende abzusehen ist.

Am Ende dieses recht langen Ganges kommt wieder eine Treppe. Ob unterwegs noch Kinoplakate hängen?

Schließlich sind dort noch ein paar Treppenstufen. Und wer die geht – es ist so lange her, daß ich nicht mehr sagen kann, wie viele –, steht auf einem U-Bahnhof, der gleichfalls *Stadtmitte* heißt.

Vielleicht fährt gerade ein Zug ein oder aus oder nur langsam durch. Und falls ich jetzt um Auskunft gefragt werde ... Stadtmitte umsteigen?

Ja, das ist lange her. Es waren einmal zwei Verkehrsgesellschaften gleichzeitig unterwegs und tätig in dieser Stadt. Die eine führte ihre unterirdische Bahn von West nach Ost und zurück, und die andere von Nord nach Süd und zurück. Irgendwo mußten sie sich kreuzen. Das war hier in der Mitte der Stadt. Damals nannte sich dieser Bahnhof *Friedrichstadt*, leicht zu verwechseln und bitte nicht zu verwechseln mit dem Bahnhof *Friedrichstraße*.

Weil die beiden Gesellschaften damals in den zwanziger Jahren neben- und übereinander verkehrten, kam dieser lange, unnötig lange Verbindungstunnel zustande, der anders ausgesehen hätte, vielleicht sogar mit Rolltreppen ausgestattet wäre, wenn von Anfang an im Interesse des Fahrgastes gebaut worden wäre. Das war die gute alte Zeit. In der war vieles umständlicher und leichter. Jeder baute für sich. Eines Tages erforderte die Dividende, daß man sich zusammentat.

Wer umsteigen möchte, muß nicht an die Erdoberfläche. Er geht einfach durch den langen Tunnel zur anderen Strecke. Von Stadtmitte nach Stadtmitte.

Ich sollte das nicht im Präsens sagen. Weil nicht jeder sich auskennt. Die obere Strecke, also dort, wo wir ausgestiegen sind, führt weiter bis *Thälmannplatz*. Die andere unten wird von den Zügen der Nord-Süd-Westbahn befahren, ohne Halt im Osten. Ist das zu verstehen?

Hier auf den beiden Bahnhöfen Stadtmitte ist unter der Berliner Erde die Grenze der Welt, der andere Äquator. Als Kind hatte ich vor, eines Tages bis zum Ende der Welt zu laufen. Warum soll einer nicht? Nun ist es selber gekommen. Man hat es vor der Haustür. Genieße, was du hast.

Die Westberliner Untergrundbahn durchfährt die auf dem Gebiet der DDR liegenden Bahnhöfe ihrer Strecke ohne Halt.

Noch einmal von vorn. Den Zug in Richtung Thälmannplatz nehmen, Stadtmitte aussteigen, aber nicht den Bahnsteig verlassen.

Und nun wird es langsam dunkel und 1. Mai 1945. Wie im Kino, wenn langsam das Licht ausgeht, damit ein anderes Bild erblickt werden kann.

Viele, die flüchten mußten oder deren Wohnungen ausgebombt sind, Kriegsbetroffene aller Art, sitzen auf Bahnsteig und Schienen. Sie warten nicht auf den nächsten Zug, sondern auf das Kriegsende. Das konnte schon lange eingetreten sein, hätte nicht einige hundert Meter von hier der alleroberste Befehlshaber dieses zwangsläufige Ende nicht sehen wollen, das er am 1. September 1939 durch seinen ersten Befehl herbeigeführt hatte und was sogar jetzt noch viele das Leben kostete.

Die Menschen schleppen Koffer und Decken, ein bißchen Hausrat, Kind und Kegel, und lassen sich nieder, wo noch Platz ist. Auch zwischen den Gleisen, wo durch die Stromschiene kein Strom mehr fließt.

Die nächste Station in Richtung Westen heißt nicht Thälmannplatz, sondern noch *Kaiserhof.*

Als Thälmann U-Bahn fuhr (und Thälmann fuhr U-Bahn), ließ er sich nicht träumen, daß die Stationsschilder »Kaiserhof« einmal durch »Thälmannplatz« ersetzt werden würden. Gewiß, Thälmann hat seine Träume gehabt, und wer weiß, wie weitreichend sie gewesen sein mögen. Daß er diesen Bahnhof so gesehen hat, ist unwahrscheinlich.

Desgleichen hat Hitler, als er unter seiner Reichskanzlei im Bunker hockte, sich nicht denken können, wie der Untergrundbahnhof Kaiserhof sehr bald heißen würde. Wenn er nachgedacht hätte, und dazu hätte er unbefangene, unverletzbare, unangreifbar ehrliche Berater gebraucht – aber welcher Diktator duldet solche –, dann hätte er die Umbenennung seiner Adolf-Hitler-Plätze voraussehen können. Auf einen U-Bahnhof Thälmannplatz wäre er nie gekommen. Schade, daß er nie erfahren hat, daß die Wände des U-Bahnhofs Thälmannplatz mit dem schönen Marmor aus den Trümmern seiner Reichskanzlei verkleidet worden sind.

Dort gibt es keine verborgene und zugemauerte Treppe. Es war und ist ja nur eine einfache Station, ein Bahnhof wie die meisten, dem andere folgten. Niemand ahnte, hier würde eines Tages Endstation sein müssen. Kein Weitergehen: »Thälmannplatz - Zug endet hier.«

Das Umherstehen, das lange Sitzen auf einer Bank in Stadtmitte ist auffällig. Jemand kommt und läßt sich den Ausweis zeigen. Ein Fahrschein ist vorhanden. Warum fährt man nicht ab oder geht seines Weges?

»Worauf warten Sie?« fragt Jemand.

»Ich warte auf Brigadeführer Mohnke.«

»Wer ist dieser Kollege? Von welcher Brigade? Wo arbeitet sie?« fragt Jemand.

»Sie verwechseln das«, sage ich. »Nicht Brigadier, sondern Brigadeführer.«

»So sagen wir nicht«, sagt Jemand. »Es heißt Leiter der Brigade oder Brigadier. Also, wo soll die Brigade Mohnke tätig sein?«

»Zum Glück gibt es sie nicht«, antworte ich. »Sie werden darüber mit mir einer Meinung sein. Brigadeführer - verstehen Sie?« Der Mann ist jung. Woher soll er es so genau wissen. »Mohnke«, sage ich, »ist Brigadeführer, und das ist ein Rang, der dem eines Generalmajors entspricht. Mohnke ist General der Waffen-SS.«

»Den erwarten Sie? Hier!«

Ja, wir lassen ihn auftauchen und wollen zusehen, was er macht.

»Wer hat Ihnen gesagt, daß Sie sich hier mit einem Kriegsverbrecher treffen sollen?«

Eigene Gedanken traut er mir nicht zu. »Niemand«, sage ich. »Ich habe davon gelesen, und es geht mir um einen Vorfall, um eine bestimmte Einzelheit. Ich möchte sie zeigen.«

Das klingt so unglaubhaft wie die meisten Vorhaben der Poeten. Sie können kein Exposé einreichen, weil sie vorher nie genau wissen, was sie schreiben werden. Nicht einmal für den eigenen Bedarf gelingt ihnen das gedankliche Gerüst, das Handlungsgerippe, der rote Faden als Geländer zum Daranhalten. Sie schreiben einfach. Und so ist es dann gewöhnlich. Und hinterher erklären, was sie geschrieben haben, das bringen sie auch nicht.

Die Bahnhofsuhr zeigt ein paar Minuten vor Mitternacht. Das müßte für die Vorgeschichte reichen. Wenn die Geisterstunde beginnt, werden wir auf alles vorbereitet sein.

S. 49 Die Berliner verlassen die U-Bahnschächte, Mai 1945 *S. 50* Ruine des Hotels »Kaiserhof«, 1945

Den Leser unterdessen, der keine Magie braucht, der sich am hellen Mittag vorstellen kann, worum es geht, dabei hilft ihm die stehengebliebene Bahnhofsuhr, wir laden ihn ein, sich zum Thälmannplatz zu begeben. Das heißt, er muß nicht unbedingt mit der Untergrundbahn hinfahren, sondern nimmt vielleicht den Autobus. Er kann zu Fuß von der *Leipziger Straße* kommen, aus der *Glinkastraße* oder von der *Mauerstraße*, ja, am besten von dort. Wenn er aber wegen der günstigeren Verkehrsverbindung dennoch mit der U-Bahn am Thälmannplatz eintrifft, soll er entgegengesetzt zur Fahrtrichtung aussteigen. Oben hat er vor sich die *Mohrenstraße* und als nächste Querstraße rechts die *Kronenstraße*.

Und zwischen diesen beiden Straßen, wie eine im Fahrdamm versunkene Insel, stand einst die Dreifaltigkeitskirche. Im Aussehen der Dresdner Frauenkirche verwandt und sichtlich größer als die Böhmische Kirche in der Mauerstraße.

In der Dreifaltigkeitskirche hat Schleiermacher gepredigt und am 1. April 1831 einen Jüngling namens Otto von Bismarck konfirmiert. (Jede Gesellschaft merkt sich ihre Daten.)

In dieser Kirche, die »sich durch Adel und geschmackvolle Einfalt ihrer Formen« im Stadtbild zu behaupten weiß, ist ebenfalls der einfältige Generalfeldmarschall und Reichspräsident von Hindenburg zum Gottesdienst geschlurft. Nur wenige Schritte vom Amtssitz. Aber er hat leider keine Eingebung gehabt, sondern jenen Hitler zum Reichskanzler ernannt. Der wohnte damals gleich nebenan, im Hotel »Kaiserhof«.

Zuvor aber, weil sicher die Frage nach dem Verbleib der Dreifaltigkeitskirche kommen wird, die Auskunft, daß dieser Rundbau aus dem Jahre 1739 im November 1943 bei einem Luftangriff zerstört worden ist.

Anschließend ließ sich die Gauleitung der NSDAP, die Berliner Führung der Nazipartei, im Kellergewölbe der Ruine einen Bunker bauen. Der war bombensicher, der hielt stand, den griff sich die Geheime Staatspolizei – und wenn wir schaudernd lesen, daß in dieser Gegend noch am Tage der Kapitulation auffällig viele erhängte deutsche Soldaten vorgefunden wurden, hingerichtet, weil sie den Krieg für beendet erklärt hatten, dann werden wir das auf diesen besonders gesicherten Bunker und seine Bewohner zurückführen dürfen.

Heute stehen auf dem Gelände moderne Großhäuser, Botschaftsgebäude. Indem wir am Ausgang der U-Bahn entlang in Richtung Thälmannplatz gehen – rechts, in der Mauerstraße, sagt an dem ersten Haus eine Tafel, daß Heinrich von Kleist hier wohnte, zwar nicht in diesem Haus, jedoch an dieser Stelle, und eines Tages von einem Ausflug zum Wannsee nicht wiederkam.

Linker Hand, wo die koreanische Botschaft steht, war in der Mohrenstr. 1-5 das Hotel »Kaiserhof«. 1875 in Anwesenheit des Kaisers eröffnet. Der Name sagt es. Eines der größten und ältesten Berliner Hotels. Als die Untergrundbahnlinie diese Gegend erreicht, bekommt die Station weder den Namen *Wilhelmplatz* noch wird sie nach der deutsche Außenpolitik repräsentierenden *Wilhelmstraße* benannt.

In Reiseführern wird der »Kaiserhof« damals unter den fünf besten Hotels als Haus »allerersten Ranges« erwähnt. Seit Anfang 1931 war der »Kaiserhof« Hitlers Berliner Hauptquartier. Der Mann, der sich als Arbeiterführer ausgab, wohnte im Luxushotel. Die Rechnung bezahlten andere.

Wenn er im »Kaiserhof« aus seinen Zimmern im ersten Stock aus dem Fenster sah, hatte er das Gebäude der Reichskanzlei als Ziel vor Augen. Sein Berliner Gauleiter Goebbels, der spätere Propagandaminister, veröffentlichte 1934 ein Buch mit dem Titel »Vom Kaiserhof zur Reichskanzlei«. Es klingt mehrdeutig. Ihren Kaiser waren die Deutschen 1918 bei Kriegsende losgeworden, nun aber, nachdem die Republik mitsamt ihren demokratischen Einrichtungen beseitigt war, zunächst gedanklich, bedeuteten Signalworte wie »Kaiserhof« und »Reichskanzlei« etwas mehr als Gebäudenamen.

Hitler, als er es geschafft hatte, zum Reichskanzler gemacht zu werden, ging die paar Schritte nicht. Er ließ sich die 200 Meter fahren. Vom »Kaiserhof« zur Reichskanzlei.

Die Reichskanzlei stand in der Wilhelmstraße am Wilhelmplatz. Wenn man den heutigen Stadtplan nimmt: in der *Otto-Grotewohl-Straße* am Thälmannplatz. An der Ecke, wo die *Voßstraße* beginnt, ließ Hitler die Neue Reichskanzlei errichten. Heute ist alles eingeebnet und nicht einmal Grünanlage.

Doch wir brauchen zum besseren Verständnis der Situation den Ausgangspunkt. Und schlendern in der Dunkelheit über den stillen Thälmannplatz und stellen uns den Wilhelmplatz vor, knackevoll mit jubelnden Menschen, die da im Chor rufen: *Wir wollen unseren Führer sehn!* Es klingt unglaublich. Es ist wahr. Hätte ich es nicht selber gehört, in Filmen gesehen – es ist wahr. Sie schrien nach ihm. Manchmal zeigte er sich. Und wenn er nicht erschien, dann wußten alle, er arbeitet gerade für Deutschland. Das Gebrüll, die Huldigungen, die Verse, in denen vorkam, daß irgendwo noch ein Lämpchen glüht in der Nacht, in einem ganz bestimmten Zimmer, selbstverständlich nicht zur Straßenseite gelegen, weil solche Mächtigen immer eine Scheißangst haben vor den kleinen Leuten.

Wir blicken in der Dunkelheit zu dieser Sandfläche und stellen uns vor, es sei der 1. Mai.

Der 1. Mai ist in der Regel ein schöner Tag. Da regnet es nicht, da wärmt die Sonne das neue Leben. Da ist früher mit sehr viel Feingefühl der Feiertag des arbeitenden Menschen erdacht worden. Am 1. Mai 1933, weil ihn die Nazis für ihre Zwecke verfälschten, schneite es. Mancher nahm das als Vorzeichen.

Am Thälmannplatz stellen wir uns den 1. Mai 1945 vor am Wilhelmplatz. Es ist Abend. Und wahrscheinlich so ruhig, daß die Vögel zwitschern. Das Ehepaar Hitler ist in Rauch verwandelt und verflogen.

Im Keller der Reichskanzlei hat der Kampfkommandant Mohnke seine Leute instruiert. Der Ausbruch der noch Lebenden wird besprochen und vorbereitet. Im Abstand von zwanzig bis dreißig Minuten werden sie in Gruppen versuchen, durch die Tunnel der Untergrundbahn zum Stettiner Bahnhof zu gelangen.

Brigadeführer Wilhelm Mohnke, Generalmajor der Waffen-SS, militärischer Befehlshaber des »Zitadelle« genannten Regierungsviertels, Kampfkommandant der Reichskanzlei - das sind wohl Ämter und Titel genug -, gibt den Befehl zum Ausbruch. Die Überlebenden, all jene, die den Spitzen des verendenden Reiches nicht gleich ins Jenseits folgen möchten, sondern den Weg ins Leben zumindest riskieren wollen, also die meisten, sind im Keller angetreten.

Mohnke teilt zehn Gruppen ein. Die erste, die er selber führt, besteht aus zwanzig Mann und vier Frauen. Das sind Sekretärinnen und Hitlers Wiener Diätköchin. (Ja, er hatte wenigstens eine Köchin bei sich.)

Etwa gegen 23 Uhr klettern sie unter dem Balkon, auf dem der Führer zu Lebzeiten den Jubelschrei zu entfachen pflegte, sehr leise und vorsichtig aus dem Kellerfenster, man weiß ja nicht, ob nicht am anderen Ende des Wilhelmplatzes bereits Scharfschützen der 8. Sowjetischen Gardearmee in Stellung gegangen sind.

Indem wir uns am Thälmannplatz vorstellen, wie die Gruppe Mohnke den U-Bahn-Tunnel erreichen will, kommt die Eckensteherin Rosi Nante vorbei und erzählt uns etwas, woran in diesem Moment vermutlich nicht einmal Brigadeführer Mohnke denkt.

Der letzte Wachhabende der Reichskanzlei ist auch der erste gewesen. Am 8. Mai 1933 – zwei Tage vor der Bücherverbrennung – trat Oberscharführer Mohnke seinen Dienst als erster Wachhabender an. Wilhelm Mohnke aus Lübeck, 22 Jahre, 32 Zähne, kein Brillenträger, über einsachtzig groß, seit kurzem beim SS-Oberkommando Berlin und jetzt Angehöriger der »Leibstandarte Adolf Hitler«. Dieser Weg führt nach oben. Mehrere Kriegsschauplätze, mehrere schwere Verwundungen, schließlich kommt Mohnke zehn Tage vor Toresschluß, am 20. April 1945 – Hitlers letzter Geburtstag – mit achthundert Mann der Leibstandarte und wird Kommandant der Reichskanzlei. Jetzt will er weg von hier.

Die Gruppe erreicht unangefochten den Eingang zur U-Bahn. Die Treppenstufen sind restlos zerschossen; man rutscht, man fällt und erschrickt. Es ist stockdunkel. Dort unten atmen Menschen. Es ist aber nicht wie befürchtet »der Russe«. Sondern Landsleute, Einwohner, Einheimische, bislang als »Volksgenossen« bezeichnet. Verwundete Soldaten und Volk. Das zum endgültigen Verbrauch bestimmte Volk. Hier verkehrt kein Zug. Die Gruppe Mohnke begibt sich zu Fuß durch den Bahntunnel in Richtung Stadtmitte.

Ungewöhnliches ereignet sich nicht. Sie stolpern über Schwellen und Gleise, laufen auf dem Schotter so unsicher wie wir alle, falls wir Bahnanlagen betreten. Sie brauchen nur länger für den Weg als vorberechnet. Erst gegen Mitternacht treffen sie auf dem Bahnhof Stadtmitte ein. Der ist mit Menschen überfüllt. In einem U-Bahnwagen operieren Ärzte, so gut sie können.

Dicht ist die Decke nicht, aber wer fragt jetzt danach. Vor einigen Tagen sind Artilleriegeschosse durchgeschlagen. Die Menschen fürchten sich und suchen Schutz, wo er sich anbietet. Nun kommen wieder kampfbereite Soldaten. Ist immer noch nicht Schluß mit diesem Krieg? Mohnke hat ebenfalls einen Arzt bei sich, Dr. Schenck, und seinen SS-Stabschef Klingemeier. Nicht zu vergessen Hitlers SS-Adjutanten Sturmbannführer Otto Günsche.

Auf dem Bahnhof angekommen, biegen sie ohne Zögern sogleich um die Ecke zur Treppe mit dem Gang zum unteren Bahnsteig.

Stadtmitte umsteigen.

Unten, wo ebenfalls Menschen lagern und ein Ende erwarten und sich wahrscheinlich vor den eigenen Leuten mehr fürchten als vor den fremden, springen sie ohne Aufenthalt vom Bahnsteig auf das Gleisbett und ziehen weiter in Richtung Norden, sie wollen die U-Bahn-Station Stettiner Bahnhof erreichen.

Der heutige Spaziergänger, der diesen geplanten Weg ungehindert nur auf der Erdoberfläche nachvollziehen kann, und dabei Einkäufe erledigen, was nie von der Hand zu weisen ist, müßte an der Ecke *Chausseestraße* die *Invalidenstraße* überqueren.

Dort bemerkt er am nördlichen Ende der Kreuzung eine Fußgängerinsel und ein eigenartiges Gitterwerk, ein geradezu überflüssig anmutendes Gebilde inmitten des Fahrdamms. Das ist der U-Bahn-Eingang. Damals *Stettiner Bahnhof.*

Sieht einer näher hin, bemerkt er Stufen, die nicht mehr für ihn bestimmt sind. Könnte er hinabgehen, käme er auf einen altmodisch gekachelten Bahnhof, der, Nordbahnhof benannt, ein dunkel-schmutziges Dasein fristet. Genau hier, wo der Betrachter im Freien steht, wollten die Mohnkes auftauchen, den sowjetischen Sperring unterlaufen haben und weiter in Richtung Schwerin. Aber noch sind sie erst zwischen den Bahnhöfen Stadtmitte und Französische Straße.

Mittlerweile ist in Stadtmitte die zweite Gruppe umgestiegen, geführt vom Chef des Reichssicherheitsdienstes Rattenhuber. (Mein Gott, was für Namen.)

Die dritte Gruppe nähert sich ebenfalls. In ihr ist Bormann der höchste, Hitlers Reichsleiter, der kein Reich mehr zum Leiten hat. Die Führung auf dem nächtlichen Weg übernimmt Hitlers Chefpilot Baur. Er trägt ein kostbares Gemälde auf dem Rücken. Anton Graffs Ölbild, König Friedrich II. darstellend. Es hing in Hitlers Arbeitszimmer. Der hat das Bild immer wieder angeschaut, aber es hat nichts genützt. Am Ende der Vorstellung hat er es seinem Chefpiloten geschenkt. Der steht nun mit dem Kulturbesitz da wie einer, der ein Plakat erworben hat und es ungeknickt nach Hause bringen möchte. Er löst den Rahmen, rollt die Leinwand zusammen; ein unpraktisches Geschenk, wenn man zu Fuß gehen muß.

In der Luft kannte sich Baur besser aus. Vor ein paar Tagen hatte er eine Junkers-390 bereitstehen. Mit der konnte man non-stop über den Pol bis nach Japan fliegen. Das war erprobt worden. Baur war gerüstet, seinen Chef auszufliegen. Am liebsten nach Mandschukuo, aber auch Grönland, Madagaskar und Jerusalem standen auf der Liste. Hitler in Jerusalem? Denkbar ja ist alles. Eichmann ist dorthin gelangt.

Wer will es dem Flugkapitän verdenken, daß er sich in der Berliner U-Bahn nicht auskennt. Die anderen beiden, die es wissen könnten, sind der Reichsleiter Bormann und der Reichsjugendführer Axmann. Wann ist Axmann zum letztenmal mit einem öffentlichen Verkehrsmittel gefahren? Von Bormann läßt sich das schon gar nicht vorstellen.

Jedenfalls wissen Bormann, Axmann und Baur nicht, daß man in Stadtmitte umsteigen kann. Und in ihrem Falle sollte. Sie sind zu oft gefahren worden. Sie haben das Laufen verlernt. Zwar lernen sie es gerade in dieser Nacht, aber die elementaren Kenntnisse des kleinen Mannes fehlen ihnen.

Anstatt in Stadtmitte den Tunnelausgang zu nehmen, laufen sie weiter geradeaus, Richtung Pankow.

Sogar Hitler hätte wohl den rechten Weg verfehlt. Und wenn er urplötzlich unter den todmüden, resignierenden und verzweifelten Menschen auf dem Bahnsteig aufgetaucht wäre –

Rosi Nante bindet sich das Kopftuch neu wie alle Frauen hier, die lange nicht beim Friseur waren, und sagt:

Frau Wirtin hatte einen Traum,
der war so schön, ihr glaubt es kaum
Sie hörte ein Tedeum.
Und sah den Hitler ausgestopft
im Britischen Museum.

Der Übermensch der Deutschen hatte sich schon seit Jahren nicht mehr öffentlich blicken lassen. Nicht nur, daß er nicht gesehen werden wollte – wie gesagt, eines Tages bekommen sie Angst –, sondern er wollte nichts sehen. Wenn er sprach, dann ins Rundfunkmikrofon. Wenn er fuhr, und das war nur die kurze Strecke von der Reichskanzlei zum Anhalter Bahnhof oder zum Flughafen Tempelhof, dann waren die Vorhänge seines großen Autos zugezogen. So sah er nie ein zerbombtes Haus, nie eine Menschenschlange vor dem Lebensmittelladen, nie Häftlinge in gestreiften Jacken Schutt wegräumen.

Bormann, Baur und Axmann sind mit ihrer Gruppe mittlerweile auf dem U-Bahnhof *Hausvogteiplatz* angekommen. Da merken sie, daß sie verkehrt gegangen sind. Gehen nicht die Strecke weiter, gehen auch nicht zurück, weil sie wahrscheinlich nicht genau wissen, wie sie in Stadtmitte nach Stadtmitte kommen. Sie klettern nach oben und legen den Rest ihres geplanten Wegs in Richtung Bahnhof Friedrichstraße so zurück, wie sie es mit dem Auto gewohnt sind.

S. 57 Stadtmitte umsteigen, 1946. Foto von Seidenstücker.

Wir halten uns nicht mit ihnen auf. Baur überlebt schwerverwundet. Axmann kommt ebenfalls davon. Nur Bormann und ein SS-Arzt fühlen sich Stunden später am Lehrter Bahnhof in die Enge getrieben und zerbeißen ihre Giftkapsel. Wo mag das Gemälde, Friedrich den Großen darstellend, geblieben sein?

Mittlerweile sind weniger Leute bei Mohnke. Man konnte sich in der Dunkelheit nicht zusammenhalten. Die Station Französische Straße ist passiert, die Linden unterquert, Bahnhof Friedrichstraße erreicht. Sie gehen nach Norden. Müssen unterhalb der Spree noch zwei U-Bahn-Stationen passieren. Aber hundert Meter hinter dem Bahnhof Friedrichstraße wird die Gruppe Mohnke das erste Mal zum Stehen gebracht.

An dieser Stelle sei nochmals erinnert daran, wer sich nähert. Der kampferfahrene SS-General. Leibstandarte seit 1933. Er trägt Stahlhelm, Tarnanzug, Pistole und Maschinenpistole. Und die dazugehörige Munition. Und seine Leute sind nicht weniger gut bewaffnet. (Mohnke hat ferner ein Beutelchen mit Brillanten bei sich, Zugabe zu allerhöchsten Auszeichnungen, die in der Reichskanzlei vorrätig lagerten und nicht mehr verliehen werden konnten. Mangels Gelegenheit. »Mit Schwertern und Brillanten«, das wertete das »Ritterkreuz des Eisernen Kreuzes« mächtig auf. Was hätten die Führer sich einfallen lassen müssen, wenn der edelsteinerne Gipfel erreicht worden wäre? *Mit Bratwurst und Sauerkraut*? Für eine warme Mahlzeit im nächtlichen U-Bahn-Tunnel hätte mancher Berliner einen Orden gegeben.)

Wie gesagt, Mohnke und seine Männer – und die vier Frauen – müssen unter der Erde stehenbleiben, etwa an der Stelle, wo die Weidendammer Brücke beginnt. Unten gab es damals, und gibt es vielleicht noch heute, im Tunnel ein Schott. Darunter ist zu verstehen ein großes, eisernes Tor, das wasserdicht und vielleicht hermetisch die Spree abwehrt, falls ...

Um diese Stunden – es ist nach ein Uhr nachts am 2. Mai 1945 – stehen vor diesem Schott einige Berliner Einwohner und diskutieren mit den Posten, weil sie nach Norden flüchten möchten. Das geht nur nicht. Zwei Uniformierte halten Wache. Sie lassen niemanden durch, sie haben ihre Anweisungen. Das Tor nach Norden bleibt, wenn kein Zug fährt, geschlossen. Und es fährt kein Zug in solcher Nacht, in der womöglich die Russen schon in den Endstationen sitzen.

Wir müssen nun versuchen, uns unter Aufbietung aller Fantasie vorzustellen, was los ist.

Im Licht, im spärlich unvollkommenen Licht einiger Taschenlampen versperren zwei Männer dem SS-General Mohnke den Weg. Es sind nicht etwa Soldaten, sondern Angestellte der Berliner Verkehrs-Gesellschaft, kurz BVG genannt. Das macht sie besonders schwach und zugleich stark. Sie unterstehen als Nichtsoldaten keinem militärischen Befehl. Wenn alles normal funktioniert. Die beiden Beschäftigten der Berliner U-Bahn erkennen genau, daß da nicht irgendwer, sondern ein SS-General vor ihnen steht. Und wenn ihnen die Tarnjacke das nicht sagt, dann doch seine befehlsgewohnte Stimme. Die hat auf einigen Kriegsschauplätzen kommandiert. Und wenn der Rang eines Generalmajors nicht zum Nachgeben, zum Gehorchen zwingt, dann genügt wohl der Doppelblitz SS allein.

Erfahrungsgemäß geschieht jetzt folgendes: Die beiden Beamten weichen der Gewalt. Den Satz kennen sie als gute Deutsche aus der Zeit der Weimarer Republik, wenn ein Offizier einem Regierungsvertreter sagt, was er zu tun habe. Ein Leutnant und zehn Mann.

Ächzend öffnen sie den eisernen Vorhang. Wollen es womöglich vorher noch schriftlich haben. Wegen der eigenen Vorgesetzten. Oder nein, die beiden bleiben unentschlossen. Keiner ist des anderen Vorgesetzter. Sie öffnen das Schott nicht, weil sie keinen Befehl haben, das Schott zu öffnen.

Der fremde General in der SS-Tarnjacke wird sie daraufhin »Kacker« nennen, die machen sollen, daß sie schnell verschwinden und irgendwo Fahrkarten knipsen. Irgendwelche Schaffner-Ärsche und Straßenbahn-Heinis, die es wagen, sich einem Mann zu widersetzen, der gestern noch mit dem »Führer« gesprochen hat ... Wirkt das mehr?

Die beiden Männer der Berliner Verkehrsgesellschaft öffnen nicht. Sie weichen nicht. Sie bleiben stehen. Der fremde Generalmajor kann ihnen keinen Befehl geben.

Warum? Weil er nicht ihr Vorgesetzter ist! Es ist speziell für einen Deutschen sehr schwer, immer genau zu wissen und auseinanderzuhalten, wer ihm wann etwas befehlen kann. Und wer wem wann nicht. Und wer dann hinterher erschossen wird, weil er einen Befehl befolgt hat oder weil er ihn nicht befolgt hat. Es gibt derart viele Richtlinien, Weisungen und Gesetze und Möglichkeiten, sie auszulegen, daß in dem Moment, wo es darauf ankommt, keiner ganz genau Bescheid weiß. Und wissen kann.

Was geschieht jetzt?

Die beiden Türhüter verweigern den Befehl. Demnach: Mohnke belehrt sie mit seiner Maschinenpistole, wer heute nacht – und es ist die letzte des Berliner Reiches – den Helm aufhat. Zwei Tote mehr, darauf kommt es jetzt nicht mehr an. Wir schreiben den 2. Mai 1945. Oben, unter dem Stadtbahnbogen, baumeln zwei junge Soldaten, weil sie sich dem Befehl der SS widersetzt haben. (Die Gedenktafel möchte von dem, der diese Zeilen liest, gleichfalls gelesen werden. Sie ist vorhanden, aber nicht so augenfällig angebracht wie eine Industriewerbung.)

Liegen die beiden Bahn-Mitarbeiter inzwischen erschossen da? Nein, sie stehen noch und weigern sich, das Schott zu öffnen.

Aber jetzt, ganz gewiß, werden sie – die deutsche Sprache hat dafür ein Wort geschaffen – umgelegt. Pflichterfüllung bis zuletzt. Irgendeine Kranzniederlegung bezieht auch sie später ein.

Nein, sie lassen sich nicht und von niemandem zwingen, ihr Schott zu öffnen. Aber man könnte sie wenigstens verscheuchen und das Tor selber öffnen.

Aber Mohnke öffnet es nicht, sondern zieht ab. Das Unglaubliche geschieht. Er zieht sich zurück zum U-Bahnhof Friedrichstraße. Dort steigt die Gruppe nach oben. Sie nimmt die Stadtbahnlinie als Fluchtweg, findet eine Seitenbrücke zum Überqueren des Flusses, gelangt durch Keller und Höfe, durch Ruinen und Gänge noch ziemlich weit. Erst anderntags werden alle im Norden Berlins im Gebäude einer Brauerei gefangengenommen. Aber das ist für uns nicht mehr wichtig.

Wichtig allein ist dieser Vorgang am unterirdischen Schott. Da kommen direkt aus der Höhle des toten Ungeheuers zum Letzten entschlossene Leute. Und werden von zwei Untergrundbahnbeamten zum Stehen gebracht und zur Umkehr gezwungen. Von Leuten, die nicht einmal sämtliche Schwarzfahrer zu kontrollieren imstande wären.

Zwei uniformierte Wichtigtuer auf verlorenem Posten – oder ist es anders? Die Hitler kommen und gehen, aber die U-Bahn muß fahren.

Mohnke, viele Jahre später, nach der Kriegsgefangenschaft, befragt, was ihn davon abgehalten habe, den Durchgang zu erzwingen, wörtlich: »Als Soldaten waren wir gewohnt, in den Kategorien von Befehl und Gehorsam zu denken; in diesem Falle lautete die Dienstanweisung – auch wenn *nur* die der BVG –, das Schott habe nachts geschlossen zu bleiben; und danach richteten wir uns.« Und er lobt das Pflichtgefühl der beiden. »Es war wohl dieses Pflichtbewußtsein, das wir mit unserem Entschluß, umzukehren, respektierten.«

Als Gleicher unter Gleichen?

Es ist diese Überwindung in der letzten Stunde. Solcher Vorgang, auch weil er unblutig ist und gewaltlos, der offenbart so ungeheuer viel.

Da stehen zwei auf dem Arbeitsplatz. Da kommt die bewaffnete Macht, beinahe ist es noch die allerletzte Regierungsgewalt. Und diese Macht, gewohnt, daß man ihr gehorcht, weicht einer Betriebsanweisung?

Ist ganz zum Schluß doch noch die Geheimwaffe zum Einsatz gekommen? Die da lautet: Der Macht will befohlen sein! Und: Befehl ist Befehl!

Oder ist am Schott unter der Spree das Ende der allmächtigen SS-Befehlsgewalt gekommen? Sind es außer den alliierten Armeen zwei Leute von der Berliner Untergrundbahn, die der SS das Gehorchen beibringen? Beginnt etwa an dieser Stelle wieder die Demokratie, in der Militärs nicht alles dürfen? Oder ist es das alte Lied - eine Uniform reißt der anderen keinen Knopf ab?

Ungewißheit. Sagen die beiden U-Bahn-Männer, ohne es laut zu sagen, die SS möge sich ihre Rattenlöcher suchen, wo sie mag, aber nicht mehr hier! Oder zeigen sie den schwarzen Männern bloß den schwarzen Mann - er kann schon im U-Bahntunnel am Oranienburger Tor sein ...

Befürchten sie, daß dieser Trupp den Tunnel sprengen will, um mit etwas Wasser den Feind aufzuhalten, der sich durch ganz anderes nicht hat aufhalten lassen, wie die Lage zeigt? Geht es den beiden Gefahrdienstleitern um die nächste Stunde? Daher muß die wertvolle Bahnlinie beschützt werden vor der Panik des Gesindels, das noch nicht die weiße Fahne zeigt. Oder ist es in der Tat Pflichtbewußtsein, jenes *Deutsch sein heißt, eine Sache um ihrer selbst willen tun,* das die eisernen Türhüter sich behaupten läßt?

Ich bin mir gar nicht sicher. Ich weiß die Antwort nicht.

Diese Episode kann angesichts von Dokumentarfilmen über die bedingungslose Kapitulation und Memoiren von Kriegsteilnehmern leicht übersehen werden. Taschenlampenbatterien halten nicht lange, zumal, wenn sie Kriegsware sind.

Wanderung zu Fontanes Grab

Theodor Fontane ist 1898 auf einem Friedhof beerdigt worden, der mittlerweile, seit 1961, im Grenzgebiet liegt. Das bedeutet: Sein Grab kann nicht ohne weiteres besucht und besichtigt werden. Das wissen viele nicht. Sie kommen manchmal von weit her, halten Blumen in der Hand und müssen am Gatter umkehren, weil sie keine Grabkarte haben, die zum Betreten des Friedhofs berechtigt. Touristen-Grabkarten gibt es nicht.

Daher ist es im Grunde dasselbe, ob unsereiner eine Fahrt ins Blaue antritt, um später als Weitgereister davon zu erzählen, oder ob er in seinem Berlin auf den Friedhof geht, wo Fontane liegt.

Warum nimmt das Interesse an Fontane ständig zu?

Dieser Fontane, das ist seit zwei Jahrzehnten weltweit spürbar, ist als Klassiker im Kommen. Das wird einer nur, wenn er den Menschen viel sagen kann, unabhängig von Zeit und anderen Veränderlichkeiten. Was macht ihn so anziehend? Daß man ihn immer wieder lesen kann? Daß er Sätze sagte oder schrieb, die dich betreffen? Daß sich Tiefgründiges herauslesen läßt, zuweilen hochaktuell und zwischen den Zeilen? Daß er damit anregt? An seinem offenen Grab ist der Satz gesprochen worden: »Immer werden wir ihn vor uns sehen mit dem Lächeln zwischen Milde und Ironie um die Lippen.«

Um eines Tages zu seiner Grabstätte zu gehen, dafür gibt es Gründe genug. Theodor Fontane ist ein Freund, ein Vorbild, ein Angehöriger.

Er ist auf dem Friedhof der Französischen Gemeinde begraben, jedoch nicht auf dem alten in der Chausseestraße, wo Chodowiecki und Devrient liegen und das Berliner Original, die Madame Dutitre [»Mir hat mein König drangefaßt«], sondern auf dem neuen Friedhof, der 1835 in der Liesenstraße angelegt wurde. Das war damals der Nordrand der Stadt, zum Wedding gehörig. Dort wurden zwischen 1830 und 1835 vier kirchliche Friedhöfe eingerichtet.

Von links nach rechts: Der evangelische Dom-Friedhof, mit dem Dom am Lustgarten verbunden, dessen Restaurierung im Gange ist. In der Mitte der Friedhof der Französischen Gemeinde, deren Dom am Platz der Akademie, dem vormaligen Gendarmenmarkt, der Restaurierung harrt. Daneben der Friedhof der katholischen St.-Hedwigs-Gemeinde.

Auf der theoretisch gegenüberliegenden Straßenseite, in Westberlin, befindet sich der evangelische Neue Dorotheenstädtische Friedhof. Dort liegt Otto Nicolai [»Die lustigen Weiber von Windsor«] begraben.

Früher waren diese Friedhöfe durch Haupteingänge in der *Liesenstraße* erreichbar; heute, der Stadtplan zeigt es, liegt unser Eingang an der Hintertür in der *Pflugstraße.* Ein Westberliner Stadtplan hat ein schwarzes Rechteck über unsere drei Friedhöfe gesetzt: »Übergang für Westberliner« steht dort, unter *Chausseestraße.*

Montag, der 17. April 1978. Am 20. September 1978 ist Fontanes 80. Todestag. Wie sieht sein Grab aus? Um darüber etwas berichten zu können, ist es ratsam, beizeiten die Erlaubnis dazu einzuholen. Ehe ein Termin drängt. Solche Genehmigungen kann man nicht früh genug beantragen.

Wie fange ich es an? Und wo? Und bei wem? Hätte ich einen der denkbaren Dienstwege eingeschlagen, wäre alles schneller gegangen. Aber auf dem von mir benutzten Stadtplan gibt es keine Dienstallee.

Manche sagen, man muß gleich hoch oben beginnen. Das mag bei privaten Anliegen zutreffen. Bei Fontane, der uns allen gehört, ist es etwas anderes. Natürlich fängt man beim Naheliegenden an. Ich rief das Fontane-Archiv in Potsdam an, das ich schon immer mal besuchen wollte, vereinbarte einen Termin und fragte bei dieser Gelegenheit Joachim Schobeß, den langjährigen Leiter, ob er wisse, wie man zu Fontanes Grab gelangt. Er riet, die Französische Gemeinde anzurufen.

Für alle, die in dieser Geschichtsstunde gefehlt haben, das werden die meisten sein, sei nachgetragen, daß sich um 1685 viele aus Frankreich wegen ihres Glaubens vertriebene Familien in Berlin und Brandenburg ansiedeln und ihre eigene Religionsgemeinschaft gründen konnten, die bis heute besteht. Der Französische Dom und das Hugenotten-Museum zeugen lebhaft davon.

Diese Französische Gemeinde anrufen, es ist leicht gesagt. In unserem Telefonbuch steht unter **F**ranzösische nichts. Unter **G**emeinde nichts. Unter **R**eformierte nichts, unter **K**irchen nur die anderen, obgleich die Französisch Reformierten zu den Christen gerechnet werden. Unter **H**ugenotten-Museum nichts. Unter **Mu**seen nichts. Hier sind nur **A** Staatliche und **B** Städtische Museen angegeben. Unter einem **C** müßten die sonstigen zu finden sein, finden Sie nicht? Das Jugendstilmuseum, das Hugenotten-Museum, das Friseur-Museum. Eine gewisse elitäre Haltung zu den Fragen unserer kostbaren Zeit, die sonst nur manchen Literaten nachgesagt wird, finden wir ausgeprägt bei den Verfassern des

»Fernsprechbuches Berlin. Hauptstadt der Deutschen Demokratischen Republik«. Sie, das sei entschuldigend eingeräumt, sind noch nicht Mitglied im Schriftstellerverband.

Da rief ich die Auskunft an. Auch sie brauchte anderthalb Minuten, ehe sie das Hugenotten-Museum fand. Dort erkundigte sich eine Männerstimme im Hintergrund bei einer Frauenstimme und antwortete, ich solle die Friedhofsverwaltung anrufen und gab mir die Nummer. Dort meldete sich aber niemand.

Neu angeregt, blätterte ich im Telefonbuch die Friedhöfe auf. Unter Stadtbezirk Mitte Friedhöfe Zentral steht *Consistorium der Französischen Kirche*. Das soll einer wissen. Consistorium. Vorn mit C. Es war aber eine andere Nummer, als das Hugenotten-Museum sie gegeben hatte.

Unter der Telefonbuch-Nummer meldet sich eine Männerstimme. Ja, Sie wollen den Französischen Friedhof, der hat jetzt eine andere Nummer. Er nennt sie, es ist die Nummer, unter der sich heute niemand meldet.

Anderntags läßt sich dort erkunden, wann der Friedhof geöffnet ist. Dienstags und freitags von 9-18 Uhr, sonntags von 9-14 Uhr. Und daß ich mich wegen einer Besuchserlaubnis an den Magistrat wenden soll, Abteilung Inneres, Kirchenfragen. Dort stellt sich heraus, daß dieses Referat zuständig ist für Bürger, die auf diesem Friedhof richtige Verwandtschaft haben. Ich hingegen werde zur Volkspolizei gehen müssen; wie aber, und zu wem, das wird die Mitarbeiterin erkunden und mich anrufen.

Mag sein, daß diese Schilderung einigen zu umständlich ist und nicht wichtig. Sie ist aber notwendig. Mit allen 21 Telefongesprächen und Umwegen. Unsereiner ist immer noch Chronist. Ob er will oder nicht. An seiner Darstellung muß das Einst und Gegenwärtig abgelesen werden können. Was daran wichtig ist oder nicht, wage heute niemand zu entscheiden.

Die Abteilung Inneres, Kirchenfragen, meldet sich wieder. Für den Besuchsantrag ist die Meldestelle der Volkspolizei im Stadtbezirk des Friedhofs zuständig. Die erwünschte Fotogenehmigung hingegen hängt vom Ministerium für Nationale Verteidigung ab.

Danach gibt es noch ein Hin und Her. Offenbar kommt solcher Antrag nicht oft vor. Die Meldestelle fühlt sich nicht zuständig. Muß ich nicht eine Grabkarte bekommen wie jene, die mit der Gießkanne hingehen? Nein, es bleibt beim Passierschein. Mein Antrag muß zum Präsidium der Berliner Volkspolizei und dort entschieden und genehmigt werden. Wir handeln einen Besuchstag aus, einen günstigen, den 20. Juni, des vermutlich guten Wetters wegen, und einen Ersatztag, falls es regnet oder etwas dazwischenkommt.

Zuerst ist die Fotogenehmigung da. Hätte ich nur gleich in der Presseabteilung des Ministeriums für Nationale Verteidigung begonnen [Dienstweg], das für das Grenzgebiet zuständig ist. Also: ich darf am Schutzstreifen der Staatsgrenze zu Westberlin Text- und Fotoaufnahmen vom Grabe Theodor Fontanes machen.

In der Volkspolizei-Meldestelle, wo ich den Passierschein abholen kann, sitzen im Wartezimmer etwa zehn Bürger oder Antragsteller oder wie sie in dieser Situation heißen. Wer ist der letzte? Ein Mensch, auch wenn er dienstlich zu Fontane will, möchte keine Extrawurst, er spielt mit, setzt sich, holt die »Fontane-Blätter« heraus und liest, na wer sagt's denn, vom Tunnel über der Spree.

Der *Tunnel* war ein literarischer Sonntagsverein, dem Fontane 21 Jahre lang angehörte, bis 1865. Dort kamen schriftstellernde Männer zusammen ... lesen sich ihre Manuskripte vor, erbitten schonungslose Kritik, nehmen sie übel, völlig klar, üben sie am Nebenmann. Bei einigen kommt etwas heraus, bei anderen nicht. Dichten als Zeitvertreib - zu solchem Verein hätte heute niemand mehr Zeit.

Nach und nach wird Fontanes Dasein und Wirken erforscht. Daran hat das Archiv in Potsdam hervorragend Anteil. Die »Fontane-Blätter« sind eine regelmäßig erscheinende Publikation des Fontane-Archivs. Wer sie vor Jahren schon abonnierte, war gut beraten. Die frühen Hefte sind vergriffen.

Das Theodor-Fontane-Archiv der Deutschen Staatsbibliothek, 1935 gegründet und seit 1950 wiederaufgebaut, umfaßt heute über 2 300 Bände mit sämtlichen Erstausgaben und einer nahezu kompletten Sammlung aller Fontane-Literatur, ferner Autographen, Fotokopien von Handschriften und Zeitungsartikel. Fontane hatte 1870 selbst begonnen, Presseveröffentlichungen über sich zu sammeln. Mittlerweile hat das Archiv Aufsätze, die bis 1827 zurückreichen.

Bibliotheksrat Joachim Schobeß, der hier, als er aus sowjetischer Kriegsgefangenschaft heimkehrte, seine Lebensaufgabe fand, hat eine Forschungsstätte eingerichtet, die zu benutzen Vergnügen macht. Das Gästebuch ist voll mit Eintragungen, die für die hervorragenden Arbeitsmöglichkeiten und die Betreuung danken.

Was hat das Archiv zu Fontanes Beerdigung zu bieten? Drei Zeitungsartikel. Und am Rande den Blick auf Fontanes Methode: Das Notizbuch in der Tasche, es sind 67 beidseitig beschriebene Büchlein; auf dem Schreibtisch zu Hause führte er ein Tagebuch in Heftformat, 1887 ist im September der Tod des Sohnes George eingetragen, der Hauptmann und Lehrer an der preußischen Hauptkadettenanstalt war und an einer Blinddarmentzündung starb: *Das Begräbnis war herrlich, 4 Uhr Nachmittag, schönster Herbsttag, Exzellenzen und Generäle in Fülle, Kränze über Kränze, und die Gardeschützen gaben die drei Salven, die ihm als* alten Krieger *zukamen. Er liegt nun auf dem Lichterfelder Kirchhof, einem umzäunten Stück Ackerland, und ich wünsche mir die gleiche Stelle.* Fontane war 68, als er diesen Wunsch notierte.

Theodor Fontane wurde nicht in Lichterfelde begraben. Das darf ich in einem gewiß seltsam anmutenden Sinne günstig für mich nennen in der zweiten Hälfte des 20. Jahrhunderts, denn dieses Lichterfelde liegt in Westberlin.

Der 20. Juni 1978. Dienstag. Sonnenschein. Hochstimmung. Wie an einem ganz persönlichen Feiertag. Ob sich das Gefühl mitteilen läßt? (Mühelos geht man zu Hegel, zu Schinkel, zu hundert anderen. Man geht nicht. Man verschiebt es, wie man Anrufe verschiebt, Briefe und Besuche. Ein andermal, denn heute ist dieses los und jenes, ein Grab läuft nicht weg. Fontane jedoch, der an einen Erlaubnisschein Gebundene - wann, wenn nicht heute?) Heute!

An der Ecke *Prenzlauer Allee* eine Straßenbahn aussuchen. Viele Wagen fahren unter dem Vorwand »Stadion der Weltjugend« zur Endstation in die *Pflugstraße.* Die *24,* das sind die rot-weißen Tatra-Bahnen, die ihre Schnelligkeit auskeuchen, wenn sie an den Kreuzungen gebremst werden müssen, an den ewigen Kreuzungen einer nicht für dieses Jahrhundertviertel verkehrstechnisch vorausberechneten Stadt. Außerdem fährt die *63* hin. Und die *17.* Die *17* ist die längste Straßenbahnlinie Berlins. Von Johannisthal bis zur Pflugstraße. Und nun kommt gerade die *17 E,* der Einsetzer, oder heißt das E heute Extra wegen Fontane?

An der Endstation in der Pflugstraße, noch 200 Meter bis zum Friedhof, parkt ein Autobus der Verkehrsbetriebe. »Arbeiterversorgung« steht angeschrieben. Erfrischungen für die Fahrer(innen). Eine Selbstverständlichkeit des Alltags.

Auf diesem Gelände zeigt der Stadtplan von 1880 weder die

Pflugstraße noch die im rechten Winkel zu ihr beginnende *Wöhlertstraße,* sondern umzäuntes und bebautes Gelände: die erwähnten Friedhöfe und die Wöhlertsche Maschinen-Bau-Anstalt-Actien-Gesellschaft. (Heute befindet sich hier unter anderem der VEB Secura.)

Wöhlert-Garten heißt die Gaststätte an der Ecke. Der Wöhlert-Garten ist ein offener, von Wohnhäusern umbauter mehrwinkliger Hof, eine Portion seltsames Bau-Berlin, denn ein Garten war es vielleicht einmal. Durch den Wöhlert-Garten gelangt man zum Friedhofstor, zum Zaun, wo ein Häuschen steht mit einem geöffneten Anmeldefenster. So stellten wir uns als Kinder das Himmelstor vor. Etwas prächtiger zwar und mit weißen Wolkenbergen zu beiden Seiten. Bei weitem nicht jeder, der ankam, durfte hinein.

Einlaß für alle, die eine graue Grabkarte vorweisen können. Oder einen »Passierschein zum vorübergehenden Aufenthalt im Schutzstreifen«. Der wird selten sein. Die Frau hinterm Fenster könnte sich sonst nicht so wundern. Sie kommt heraus. Während wir uns verständigen, passieren mindestens zehn Besucher das Nadelöhr, grüßen mit halb erhobener Grabkarte. Man kennt sich. Man grüßt sich mit Namen, sagt etwas im Vorübergehen, weiß eine Neuigkeit, bleibt ein Weilchen stehen. Es ist wie im Milchladen. Normaler Alltag am Friedhofstor.

Für dich, der du mit klopfendem Herzen eintrittst – anders geht das gar nicht, das Herz des Naiven pocht an jeder geöffneten Sperre –, für dich ist schon in diesem Beginn zu viel auf einmal unbegreiflich.

Warum bin ich der erste? Warum hat nicht längst ein anderer diesen Weg zu Fontanes Grab geschrieben? Das ist nicht nur vom Passierschein abhängig für einen Dichter. Irgendwann möchte ich eine Fantasie schreiben, die mir nachts eingefallen ist: E. T. A. Hoffmann will seinen Freund Devrient sprechen. Geister-Hoffmann, hinter dem *Halleschen Tor* beerdigt, müßte als Westberliner mit Geschenktüte durch den Grenzübergang am Bahnhof Friedrichstraße schreiten und trifft sich mit seinem Freund und Saufkumpan nicht mehr im verschwundenen Stammlokal Lutter & Wegener, sondern im Weinrestaurant Ganymed, wo manche ihren Westbesuch bewirten. Devrient liegt auf unserer Seite begraben. Das wird schon schwieriger, ihn in Gedanken mit der U-Bahn zum Halleschen Tor fahren zu lassen, die paar Stationen.

Rechts hinter der Grenze zuckelt ein S-Bahn-Zug ans Tageslicht. Es ist das Gelände des ehemaligen Nordbahnhofes, der zu

Fontanes Zeiten *Stettiner Bahnhof* hieß. Dieser Zug wird in ein paar Minuten am Humboldthain halten. Das scheint eine Insel im Pazifik zu sein? Irrungen, Wirrungen.

Wie, wenn einer den alten Fontane selber auftreten ließe an dieser Stelle? Mit all seinen Eigenschaften, Ansichten und Redeweisen als Prüfer aus dem Damals. Aber der Passierschein ist nicht auf seinen Namen ausgestellt. Er darf nicht hinein. Höchstens mitreden.

Die rundliche Frau zeigt den Weg, ungefähr wenigstens, und gibt mir wie den anderen Besuchern ein Nummernkärtchen. Beim Hinausgehen zurückzugeben. Ein Pappquadrat mit irgendeiner Zahl. Wir Tombolaverwöhnten. Hinter jeder Nummer, wenn sie nur richtig aufgerufen wird, vermuten wir einen Gewinn. Was es auf diesem Friedhof gibt? Hoffnung.

Die Frau sagt: »Das muß endlich mal geschrieben werden, daß hier keine Besucher reindürfen. Viele wissen das nämlich nicht. Ich muß immer Leute wegschicken, die zu Fontane wollen.«

Offenbar möchten unerwartet viele Menschen das Grab dieses Menschen sehen, weil er gerade dort für sie auf ganz besondere Art vorhanden ist.

Eine Volkspolizistin auf der Meldestelle interessierte sich für die beabsichtigte Beschreibung des Fontanegrabes. Sie kennt es nicht, obgleich sie aus ihrem Küchenfenster auf diese für sie unzugänglichen Friedhöfe blickt. Mit anderen Worten: Wer täglich Passierscheine aushändigt, hat damit noch keinen für sich selber.

Und nun los. Eile langsam. *Wanderung zu Fontane.*

Da wir gerade bei den Privilegien sind - zur Entdeckerfreude kommt eine Empfindung von Scham. Wieso darf ich hierher? Und wenn ich nicht so bevorzugt werden möchte, warum habe ich den Antrag gestellt? Niemand hat von mir verlangt, über Fontanes Grab zu schreiben. Es gibt andere Themen, ganz andere Grabstellen, falls einer unbedingt am Vergangenen Interesse zeigt.

Meine Besucherfreude wird nicht ganz rein sein. Weil ich mir keine Scheuklappen aufsetze und zielbewußt dem Fontanegrab zustrebe, es mit Blicken isoliere, den Zustand notiere und schnurstracks umkehre, eben weil ich das nicht kann, sehe ich mehr, ohne überhaupt schon dagewesen zu sein.

Hohe Bäume versperren den Blick nach vorn. Alte Friedhofsmauern, ziegelrot, überwucherte Gräber.

So streng wie auf dem Stadtplan sind die Friedhöfe hier nicht geteilt. Die Namen mit dem französischen Einschlag reichen in den Dom-Friedhof hinein. Im verwahrlosten Familiengrab ruht im St.-Hedwigs-Kirchhof Lorenz Adlon mit den Seinen. Das muß mir gesagt werden, daß Adlon nicht eine Hotel-Benennung ist wie Astoria oder Central, sondern ein Familienname. Diese Leute bürgten mit dem eigenen Namen für ihre Einrichtung und waren so von der Ewigkeit der Dinge überzeugt, daß sie sogar ihre Grabstätten entsprechend einrichten ließen. Als im Jahre 1907 das Luxushotel Adlon Unter den Linden Nummer 1 seine ersten Gäste aufnahm, waren selbst die Verwöhntesten verblüfft über die kostbare Einrichtung, die Eleganz und die bis zur letzten Serviette eigens für Adlon entworfene Ausstattung. Wenn er das Unkraut sehen könnte, der alte Adlon, hier und auch dort, wo der Rest seines Hotels steht, gleich neben dem Brandenburger Tor.

Friedhöfe sind aufgeschlagene Geschichtsbücher. Sie sagen manches, was nicht mehr ins Geschichtsbuch kommt, ins allerjüngste. So auch hier. Prominent und vorn im Französischen Friedhof, also dort, wo man vormals hineinging, wenn man normalerweise von der Liesenstraße kam, steht ein Obelisk mit Inschriften in französischer Sprache. Ein Ehrenmal, ein Kriegsdenkmal, gewidmet den Gemeindemitgliedern, die für König und das damalige Vaterland sterben mußten. 1866 (gegen Österreich) waren es drei. 1870/71 gegen Frankreich starben sieben Angehörige der französischen Gemeinde. Darin erblickt der späte Betrachter mancherlei. Das Denkmal ist 102 Jahre alt. Man kann es wegen seiner Inschriften in französischer Sprache für ein französisches Kriegerdenkmal halten. So wie es hier steht, auch mit den Ergänzungen von 1914/18, könnte es gut und genau so im Pariser Norden stehen. »Ein hübsches Kriegerdenkmal« nennt es der Baedeker, 10. Auflage, 1898. Es ist Fontanes Todesjahr.

Vom zweiten Weltkrieg nicht zu schweigen. Er fand schließlich auf diesem Gelände statt, wie Einschläge und Einschußlöcher zeigen. So ist zum Beispiel eine kostspielige Tafel, die ungetröstete Eltern französischer Abstammung ihrem einzigen Sohn einrichteten, der 1917 als deutscher Offiziersanwärter in Frankreich von Soldaten französischer Abstammung totgeschossen wurde, von allerlei Einschüssen und Querschlägern des 1945 in Berlin endenden Weltkrieges durchlöchert worden, für den die genauen Verlustzahlen der Französischen Gemeinde noch nicht errrechnet worden sind. Es ist kein Platz mehr dafür auf dem Stein. Das alles wäre nicht so lehrreich makaber und anzüglich, wenn die Nachkommen der französischen Flüchtlinge nicht unter deutscher

Fahne in Frankreich einmarschiert wären und zum Kriegmachen, manche freiwillig, andere mit Todesandrohung dazu gezwungen. Andererseits ist dieser Geschichts- und Anschauungsunterricht, wie jeder, relativ: Ist nicht unser Theodor als deutscher Berichterstatter im deutsch-französischen Krieg um ein Haar von französischen Soldaten als deutscher Spion erschossen worden, weil er einen so nah-fremden Namen trug, einen verdächtigen, und außerdem so fließend Französisch sprach?

Plötzlich erscheint dieser Friedhof sehr groß. Wo mag das Grab sein? Aber niemanden fragen. Selber suchen und entdecken. Zunächst wird Erstaunliches registriert. Hier liegen mindestens drei berühmte Stenographen: Auf dem Dom-Friedhof Max Bäckler [1856–1924], der den Verband Stolze-Schrey leitete; nicht weit entfernt davon Wilhelm Stolze [1798–1867], nach dessen System 1897 die Stolze-Schrey-Kurzschrift entstand. Auf dem Französischen Friedhof liegt der französische Beitrag zur deutschen Stenographie: Leopold A. F. Arends [1817–1882], ein Privatgelehrter, der ein vokalbezogenes System ersann. Dankbare Schüler, so steht es in Langschrift auf dem Stein, haben ihm eine Privatbüste auf sein Grab gesetzt. Aber die eine in Arends Stenographie geschriebene Zeile, wer kann sie entziffern? Sie wird wohl etwas Günstiges über den Erfinder enthalten.

Wer davor stehenbleibt und aufblickt, der sieht gleich dahinter einen schwarzen Stein und liest: *Theodor Fontane.*

Angesichts des geehrten Stenographen die erste Frage: Warum haben nicht dankbare Leser dem Dichter seine Büste hingestellt? Wer die Geschichte des Nachlasses kennt, weiß, wie wenig Fontanes Manuskripte, Briefe und andere Dokumente geschätzt wurden, als Anfang der 30er Jahre Fontanes Sohn Friedrich interessierte Käufer suchte. Daher ist es um so bewundernswerter, daß es gelang, große Teile des Nachlasses in Potsdam zu vereinen.

Fontanes Grab. Breit, ein Doppelbett, von Efeu überwachsen in einem mit grauem Stein niedrig eingefaßten Quadrat. Hier liegt er mit seiner Frau Emilie. Denkmalgeschützt.

Wer die 1969 bei Reclam in Leipzig erschienene Fontane-Biographie von Hans-Heinrich Reuter aufschlägt, findet ein Bild der Grabstelle, wie sie ursprünglich aussah: Die Gräber efeuüberwachsen, zwei Steine nebeneinander, von kunstvollen Einfassungsketten im Geschmack der Zeit umschlossen.

Zwei, drei Meter entfernt steht eine hohe Birke. Ein Stück weiter wachsen Kastanien. Wer sich umsieht, bemerkt ringsumher sorgfältig gepflegte Gräber, schön bepflanzt, mit sauber geharkter Umrandung. Kletterrosen und mancherlei sommerlich blühende Blume, winterhart oder einjährig. Auf Fontanes Hügel stecken im Efeu ein paar gelbe Wachstulpen und ebensolche Lilien. Schön ist das nicht, aber besser als gar nichts; zumindest war mal einer hier. Ob aber nicht jemand, der öfter kommen darf, unserem Fontane eine Kletterrose hinpflanzen könnte, meinetwegen Scarlet Climber; damit es dort so eine Art Ribbeck-Birne gibt - wo, wenn nicht hier -, die keines Gärtners bedarf, denn Gärtner sind knapp wie Kassiererinnen in der Kaufhalle oder Putzfrauen.

Wer aber gießt die Ribbeck-Rose? Elsa, verwitwete Knobloch, meine Großmutter, die im Sommer täglich auf den Tolkewitzer Friedhof ging, goß stets ein paar Kannen mit auf die Nachbarschaft, wenn sie ihr zu trocken vorkam. Ich wette, es wird immer alte Frauen geben, die das tun. Ob da nun Fontane liegt oder ...

Außerdem: ich vermag zwar nicht zu sagen, worin sich die Französische Gemeinde in Glaubensdingen von den anderen Christen unterscheidet. In der Grabpflege jedoch beträchtlich. Dieser Friedhofsteil ist hell, luftig, sauber und gepflegt. Nun sieht im Juni, wenn die Rosen blühen, sowieso alles schöner aus, sogar der Tod, aber man muß die verwildernde Öde anderswo sehen ...

Wer Fontanes Grab überschaut, und sei es, um das genehmigte Foto korrekt anzufertigen, der erblickt nicht sehr weit entfernt den durchsichtigen Grenzzaun. Diese kilometerlange Sperre kann ich noch näher sehen, so oft ich in meiner S-Bahn von Pankow zur Schönhauser Allee fahre. Ich lese aber meistens. Und hier durch die Maschen gucken auf die undurchsichtige Mauer? Wozu?

Die alten Frauen und Männer, die ihre Blumen gießen und die Sandumrandung harken, blicken erst recht nicht hinüber ins Jenseits. Sie haben bequemere Wege, wenn sie wollen.

Fontanes Grab am 24. September 1898. Ein Sonnabend. Die Abendausgabe des »Berliner Tageblatts« berichtet im Feuilleton (wo sonst?) über die Beisetzung. (Heutige Zeitungsleser werden gebeten, ihre Verwunderung zu zähmen, daß es 1898 eine Zeitung, nein, mehrere gab, die an sieben Tagen dreizehnmal erschienen. Man kannte damals das Wort Massenmedien noch nicht. Weglassen war Kunst und noch nicht Journalismus.)

Doch ehe der Mensch begraben werden kann, muß er tot sein, falls er nicht zu Lebzeiten totgeschwiegen wird, was einem Begräbnis gleichkommt.

Ein wenig bekannter Aufsatz des Sohnes Friedrich Fontane »Wie mein Vater starb« gibt Aufschluß. Er erschien am 28. April 1929 in der »Deutschen Allgemeinen Zeitung«, einem Blatt des Ullstein-Verlags, und wird hier mit freundlicher Genehmigung des Fontane-Archivs zitiert:

Der tägliche Spaziergang hatte mich um die Mittagsstunde auch am 20. September 1898 in die elterliche Wohnung geführt. Mal schnell hinaufspringen, mal sehen und hören, wie's dem Alten geht. - Erst wenige Tage war er von Karlsbad zurück. Die Mama hatte die Rückfahrt unterbrochen, weilte noch für kurze Zeit in dem gemütlichen Heim einer guten Freundin in Blasewitz.

Aber, wenn auch Frau Emilie selbst noch nicht wieder das Szepter schwang: Mete, die Tochter, meine Schwester, und mit ihr die treue langjährige Dienerin des Hauses waren ja da und wetteiferten darin, für den *Herrn* zu sorgen, ihn bestens zu betreuen.

So war es denn auch. Ganz so, wie es in dem kleinen Gedicht steht:

Heute früh, nach gutdurchschlafener Nacht
Bin ich wieder aufgewacht ...

Dann war ein kurzes Arbeitspensum absolviert worden. Indes, das schöne Wetter hatte gelockt, das Bedürfnis nach frischer Luft. Man war noch sozusagen auf Nachurlaub, noch nicht eingewintert.

Und so hatte er denn, gut gelaunt und wie er es jetzt öfter als ein etwas an Luftmangel leidender alter Herr liebte, den Spaziergang abgekürzt, um von dem sicheren Beobachtungsposten des einen der beiden Schinkelschen Torhäuschen aus desto befriedigter das beginnende Großstadtleben am Potsdamer Platz an sich vorbeifluten zu lassen.

Zwei Teller Kartoffelsuppe - natürlich mit Brühe und die Prise Pfeffer daran - hatten gut gemundet, den *grünen* Kartoffeln war das richtige Quantum Petersilie beigesetzt gewesen, die gut zubereiteten Hammelrippen hatten die vorgeschriebenen drei Minuten auf hellem Feuer gebraten, und der Milchgrieß, gar nicht klütrig - aber mit viel Zucker und Zimmet - hatte ausgezeichnet geschmeckt.

Beim Täßchen Kaffee, gleich nach dem Mittagsmahl genommen, traf ich ihn an.

»Nun, wie geht's, Papa?« »Danke! Na, so lala! Aber was kann man auch noch groß bei 38 Pulsschlägen verlangen?«

»Hat Mama geschrieben? Kommt sie bald zurück?«

»Ich denke, noch eine Woche. Für sie sind die paar Tage Ausspannung bei Treutlers die beste Nachkur. Hier langweilt sie sich nur. Namentlich jetzt, wo dein Verlag mich um die Korrekturen drängt und ich täglich davon einen ganzen Berg zu bewältigen habe.«

»Tut mir gewiß sehr leid. Aber es ist schon Ende September, und die Bestellungen auf den *Stechlin* laufen weiter gut ein, die erste Auflage ist schon überschritten«, suchte ich ihn zu erfreuen.

»Nun, das ist schön! Besonders für dich. Aber ich fürchte, das Publikum wird später, wenn es sich erst den Schaden besieht, recht enttäuscht sein. Es ist nun einmal kein richtiger Roman im landläufigen Sinne. Eigentlich überhaupt kein Roman, vielmehr nur eine Aneinanderreihung von Anekdotischem, mit vielen Dialogen dazwischen. Und dann, die Hauptsache fehlt, wie du weißt: keine Spur von Handlung oder etwa gar Spannung.«

»Trotz alledem, Papa, die erhöhte Nachfrage spricht für den Erfolg, wenn auch nicht gleich wie bei *Effi Briest.*«

»Mag sein! Du warst ja immer Optimist! – Übrigens, ich muß sagen, ich habe heute selbst mit Vergnügen in den Aushängebögen geblättert. Es ist das Buch, das ich für mich geschrieben habe. Mir gefällt's. Das ist mir noch bei keinem meiner Bücher passiert. Wenn sie erst gedruckt vorlagen, bin ich immer ängstlich drumherumgegangen.«

Der Gedanke, mit zwei dicken Bänden, noch dazu kurz hintereinander – das Quellenwerk »Von Zwanzig bis Dreißig« war erst vor wenigen Monaten erschienen –, seinem Publikum doch zuviel zugemutet zu haben, muß ihn bis zuletzt beherrscht haben. Wie eine Entschuldigung klangen die inzwischen bekanntgewordenen Reime, die man auf seinem Schreibtisch fand:

Zwölfhundert Seiten auf einmal,
Und mit achtundsiebzig! beinahe ein Skandal.
Konntest es doch auf viermal verteilen!
Ihr könnt es, – aber bei mir heißt es eilen.

Es sollte die letzte Unterhaltung mit meinem Vater gewesen sein. Als ich am selben Abend – Gott sei Dank! ausnahmsweise früh – heimkehrte, steckte ein Zettelchen an der Korridortür. Und beim Flackern eines Fünfminutenbrenners entzifferte ich die Worte meiner Schwester: »Komm sofort zu uns!« Ich ahnte, ich wußte, es war etwas passiert. Schnell hinunter, und, in die nächste Droschke springend, hielten wir schon nach wenigen Minuten vor dem alten Johanniterhause. Ich kam zu spät. Noch vor kaum zwei Stunden hatte er die paar Häppchen, die er sich auf seinem Zimmer servieren ließ, – um nicht etwaigen Anfechtungen bei der Familientafel ausgesetzt zu sein (»alte Leute sollten abends lieber überhaupt nichts essen!«) – in Gesellschaft der Tochter mit gutem Appetit verzehrt. Dann begab er sich in den angrenzenden, schon seit Jahren zum Eßzimmer umgewandelten Alkoven, um, wie üblich, dem alten Merckelschen Schrank noch ein Verdauungsgläschen des so geschätzten Gilka zu entnehmen.

Die Tür war angelehnt geblieben. Nichts regte sich. Nach einiger Zeit, als er immer noch nicht zurückkehrte, wurde die Tochter unruhig. Sie ging nun auch durch den Alkoven und den dahintergelegenen Schlafraum – das ehemalige Berliner Zimmer – in die Küche.

»Anna, ist der Herr etwa draußen?« fragte sie. »Nein, hier ist er nicht gewesen.«

Sie traten beide hinter den Bettschirm. Und da fanden sie ihn. Lautlos lag er über seine eigene Lagerstätte gebeugt. Ohne Todeskampf war er dahingegangen. *So war der Tod gekommen wie Zieten aus dem Busch! Um neun ist alles vorbei!* – wie oft hatte er diese Worte gesprochen! Die Stunde war gekommen. Und nicht lange darauf rundete sich die Stunde. Die alte Uhr, ein Erbstück seit Generationen, holte wieder einmal zu neun zögernden Schlägen aus. Der oft gehegte Wunsch, bei ihrem Ticktack, wie schon Vater und Großvater, zu sterben, war auch für Fontane in Erfüllung gegangen. Um neun war alles vorbei!

Am anderen Morgen saß ich im Dresdener Schnellzug und stand bald darauf vor der hübschen Villa in Blasewitz, dessen Insassen mich schon in größter Besorgnis erwarteten. Den letzten Brief an die geliebte Lebensgefährtin, den er noch eigenhändig in den Kasten geworfen, hatte das Telegramm von der »plötzlichen schweren Erkrankung« überholt. Noch wenige Sekunden, in der man sie schonend vorbereitete, – und ich stand vor meiner Mutter.

»Hat er noch schwer gelitten?« fragte die tapfere Frau gefaßt. Und als ich dies mit gutem Gewissen verneinen konnte, atmete sie erleichtert auf. »Gott sei Dank! Er hätte es auch kaum ertragen. Ein schöner Tod! Es war ein schönes Leben an seiner Seite. Ich könnte es gleich noch einmal mit ihm beginnen.«

Beneidenswert! Vor vierundfünfzig Jahren schon hatte er geschrieben:

Nicht fürcht' ich ihn selber, wie nah er auch droht,
Doch wohl seine Rüden: Gram, Krankheit und Not,
Die Meute, die stückweis das Leben zerfetzt
und zögernd uns in die Grube hetzt.

Der Jäger hatte es gut gemeint.

Es gibt kein Staatsbegräbnis.

»Die Begräbnisfeier für Theodor Fontane hat heute vormittag nahezu die ganze literarische Gemeinde Berlins auf dem Französischen Kirchhof in der Liesenstraße versammelt.« Dann folgen Namen: Sudermann, Fulda, Blumenthal, Frenzel, Trojan, - wer kennt sie achtzig Jahre später? Viele Theaterdirektoren waren dort, Schriftsteller, Presseleute. Kein Vertreter vom Hof, vom Ministerium, vom Magistrat? Keine offizielle Delegation? Der Berichterstatter erwähnt sie nicht. Sonst, wenn sie einen Dichter begraben, sind die hohen Herren immer mit allen Titeln genannt. Aber in Berlin, und das wollen wir nicht weglassen, findet eine Woche später eine Trauerfeier für Fontane statt. Dort, wo es zu erwarten ist, wo es kaum erwartet wurde von uns späteren Lesern. Im Roten Rathaus.

Der Sarg ist eichenhell und mit Palmen und Kränzen geschmückt. Der Kollege vom »Berliner Tageblatt« berichtet gewissenhaft, das ist nicht sensationell. Wenn der Mensch im Mittelpunkt steht, dann möchte man sogar Grabreden. Im Frühjahr 1978 starb zu früh Hans-Heinrich Reuter, der Weimarer Fontane-Experte, dem wir die zweibändige Fontane-Biographie verdanken, ein Standardwerk, das ihn überlebt. Dort heißt es am Schluß: »Theodor Fontane wurde am 24. September auf dem Friedhof der Französischen Gemeinde an der Liesenstraße im Norden Berlins beigesetzt. Am Tage zuvor hatte der Herbst begonnen, auf den er sich gefreut hatte. Bei sonnigem Wetter ging der Zug vom Johanniterhause (es verschwand schon bald aus dem Stadtbild Berlins) durch die Invalidenstraße, wo Stine und die Witwe Pittelkow gewohnt hatten. Pasteur Eugène Devaranne (1851-1923), Vollbluthugenotte und Studienfreund von Fontanes Sohn Theodor, gab das Geleit, Karl Frenzel, der Theater- und Literaturkritiker der *National-Zeitung*, sprach am Grabe.«

Im »Berliner Tageblatt« ist Karl Frenzel als Prof. Dr. genannt, sein Wort hat akademisches Gewicht. Was hat er geschrieben? Wer kennt heute seine Bücher? (Es sind Reisefeuilletons darunter, die sich gut lesen.) Frenzel ist 1914 auf dem heute gleichermaßen unzugänglichen Invalidenfriedhof in der Scharnhorststraße begraben worden. (Eines Tages, etwa im Jahre 2679, wird in einem Feuilleton gefragt werden, wieso die Vorfahren ihre teuren Toten ausgerechnet in unmittelbarer Nähe ihrer Staatsgrenze beerdigten.)

Was sagte Karl Frenzel am Grabe? Was man am Grabe so sagt. Die anderen beiden Redner waren nicht besser. Geheimrat Lessing, der die meisten Anteile an der »Vossischen Zeitung« besaß, dankte für die neunzehn Jahre, die ihm Fontane als Theaterkritiker auf dem Parkettplatz 23 gedient hatte. Weniger Fakten und mehr Schwulst bot Baron v. Enzberg, der als Präsident des Schriftstellerclubs das letzte Wort nahm. Kein Zitat notwendig.

Auch, natürlich, Julius Rodenberg ist auf dem Friedhof anwesend (und schreibt später unter dem Eindruck dieses Vormittags ein Gedicht »Theodor Fontanes Begräbnis«), der Publizist und Erzähler Julius Rodenberg, in dessen »Deutscher Rundschau« einige der schönsten Romane Fontanes zuerst erschienen. Ein verdienstvoller Mann. Ein Schilderer Berlins. Die Rodenbergstraße in Prenzlauer Berg ist nach ihm benannt worden, ganz früher, heute nicht. Unlängst ist sein Grab eingeebnet worden bei uns in Berlin-Friedrichsfelde. Denkmalschutz scheint Glückssache. Wie das Publizieren.

Und dann, »Berliner Tageblatt«: »Die Angehörigen und Freunde warfen nun dem Toten die üblichen Erdwürfe in das Grab, die letzten Blicke fielen hinein, nicht die letzten Tränen. Der märkische Sand wurde dann von den Spaten der Totengräber auf das tote märkische Dichterherz geschaufelt, und aus der Grube wuchs der Hügel, den Liebe und Freundschaft mit den schönsten Blumen des Herbstes schmückten.«

So hat Fontane nie geschrieben, so konnte er nicht. Wir wollen diesen Unterschied, dieses Nebeneinander trostreich deuten. Wenn heute viele junge Menschen, früh ertaubt, keine Zwischentöne mehr hören können und wollen, dann kommen ganz gewiß nach ihnen welche mit geschärftem Gehör für leise Töne, Doppelsinn und Ironie.

Was Grabberichterstattung angeht, unserm Alltag wurde sie abgewöhnt. Und wenn es eine gibt, dann kommt sie austauschbar zur Wiederverwendung in Fertigteilen und so unpersönlich wie anderes auch.

Das Leben in alten Zeitungsblättern verleitet zur Nachrede im voraus: Im Jahre 2198, falls es noch Zeitungen gibt, wird jemand zum 300. Todestag Fontanes, der dann ein so entfernter Mann sein wird wie uns heute Grimmelshausen, einen Gedenkartikel schreiben. Und wenn er ein detailfroher Autor ist und solch Gebaren in seinen Tagen genehm, wird er die Anrede zitieren, die der Prof. Dr. Karl Frenzel 1898 verwendete: »Werte Freunde und Genossen!« Und wird keinen Unterschied sehen zu Ansprachen, die gleichlautend im Jahre 1969 oder 1998 beginnen.

»Nicht viel und keine großen Worte ziemen sich in diesem Augenblick an dieser Stelle«, sagt Frenzel am Grabe, und hält sich daran. Zwanzig Jahre zuvor, im Herbst 1878, erschien Fontanes erster Roman »Vor dem Sturm«. Er war damals 59 Jahre alt. Fontane ist der Trost der Spätentwickler, die ebenfalls nur auf das Alter warten, um produktiv zu sein. Warum sollten sie nicht? Bei Fontane war es keine biologische, sondern eine gesellschaftliche Ursache, weshalb er seine Romane erst im Rentenalter schrieb.

Im Spätsommer 1898, zwanzig Jahre später, hat der 79jährige seinen Roman »Der Stechlin« beendet und abgeliefert. Den Erstdruck in »Über Land und Meer« erlebt Fontane noch. Die Buchausgabe erscheint nach seinem Tode.

In diesem Buch steht einiges, das wir zitieren sollten, um dem alten Fontane gerecht zu werden. Da ist zu nennen das Selbstgefühl des alten Stechlin, der schon vor den Hohenzollern da war, wie andere auch, und der dieses Selbstgefühl nicht aussprach, es sei denn in Humor gekleidet, *auch wohl in Selbstironie, weil er seinem ganzen Wesen nach überhaupt hinter alles ein Fragezeichen machte.*

Fontane an Keyssner, 1898: *Mein neuer dickleibiger Roman,* [Der Stechlin] *dessen Sie so freundlich erwähnen, beschäftigt sich fast ausschließlich mit dieser Frage; Dynastie, Regierung, Adel, Armee, Gelehrtentum, alle sind ganz aufrichtig davon überzeugt, daß speziell wir Deutsche eine hohe Kultur repräsentieren; ich bestreite das; Heer und Polizei bedeuten freilich auch eine Kultur, aber doch einen niedrigeren Grad, und ein Volk und Staatsleben, das durch diese zwei Mächte bestimmt wird, ist weitab von einer wirklichen Hochstufe.*

Sind durch solche Erkenntnisse die Werke Theodor Fontanes so beliebt geworden, ein Jahrhundert später?

Sein schönster Zug war eine tiefe, so recht aus dem Herzen kommende Humanität, und Dünkel und Überheblichkeit (während er sonst eine Neigung hatte, fünf gerade sein zu lassen) waren so ziemlich die einzigen Dinge, die ihn empörten. Der alte Stechlin, der alte Fontane: *Er hörte gern eine freie Meinung, je drastischer und extremer, desto besser. Daß sich diese Meinung mit der seinigen deckte, lag ihm fern zu wünschen. Beinah das Gegenteil. Paradoxen waren seine Passion. Ich bin nicht klug genug, selber welche zu machen, aber ich freue mich, wenn's andre tun; es ist doch immer was drin.*

Der alte Stechlin kann solche Dinger loslassen. Er steht bereits unter Denkmalschutz, wenn er sagt: *Unanfechtbare Wahrheiten gibt es überhaupt nicht, und wenn es welche gibt, so sind sie langweilig.*

Damit hat er sich auch seine Grabrede selber geschrieben, der vorausschauende Fontane, der kein Ehrenbürger wurde in seiner Stadt Berlin. Wie seinen Pastor Lorenzen am offenen Grabe des alten Stechlin, so hat man auf dem Friedhof in der Liesenstraße nicht reden hören: *Ich gebe kein Bild seines Lebens, denn wie dieses Leben war, es wissen alle, die hier erschienen sind. Sein Leben lag aufgeschlagen da, nichts verbarg sich, weil sich nichts zu verbergen brauchte. Sah man ihn, so schien er ein Alter, auch in dem, wie er Zeit und Leben ansah; aber für die, die sein wahres Wesen kannten, war er kein Alter, freilich auch kein Neuer. Er hatte vielmehr das, was über alles Zeitliche hinausliegt, was immer gilt und immer gelten wird: ein Herz.*

Solche Sätze sind allerdings selten in Nachrufen. Und was die Klassenposition anbelangt, der alte Stechlin *war kein Programmedelmann, kein Edelmann nach jenem alles Beste umschließenden Etwas, das Gesinnung heißt. Er war recht eigentlich frei.* Da haben die Programmedelmänner aber geschluckt, als sie das lasen.

Die Grabrede ist noch länger. »Der Stechlin« ist für 2,50 Mark bei Reclam erschienen. Lest doch selber nach und macht euch Gedanken über den Mann.

Er war das Beste, was wir sein können, sagt Pastor Lorenzen, *ein Mann und ein Kind.*

Dieser Friedhof der Französischen Gemeinde ist nicht so tot wie andere. Auf einem Urnengrab ziemlich vorn am Zaun verwittert eine Kranzschleife der Kollegen und gesellschaftlichen Organisationen des VEB Treffmodelle. An einer anderen Stelle ist eine frisch ausgehobene Grube von Trittbrettern umgeben.

Ob ich weiß, wann die Beerdigung ist. Eine alte Frau fragt, und gleich erzählt sie, um wen es sich handelt. Sie hält mich für jemanden von der Friedhofsverwaltung.

Hier kennt wohl jeder jeden? Jaja, soeben hat sie das Grab ihres Mannes gegossen. »Ich war bei Fontane«, sage ich, weil ich nichts anderes zu bieten habe, und erwarte einen verständnisvollen Blick. Fontane? Sie kennt ihn nicht. Er war nie hier. »Dochdoch, das war ein Dichter. Er hat Bücher geschrieben. Sicher kennen Sie etwas. Er ist 1898 gestorben.«

»Ich bin '91 geboren«, sagt sie. Und das ist mehr. Sie kennt Fontane nicht.

»Effi Briest«, sage ich, »Wanderungen, Berliner Romane. Bestimmt haben Sie etwas davon gelesen.«

»Mein Leben war Arbeit«, sagt sie. Es ist das alte Mütterchen, wie es die Reporter zu allen Zeiten benötigt haben oder erfunden, wenn ihre Chefredaktion Stellungnahmen erwartet zu aktuellen Ereignissen. Nun steht sie vor mir. Ich werde sie nicht weglassen.

»Um halb zwei bin ich aufgestanden und halb drei zur Arbeit.«

In die Fabrik? (Wöhlertsche Maschinen-Bau-Actien-Gesellschaft?)

»Als Putzfrau. Es mußte doch früh alles in Ordnung sein! In meinem Leben hatte ich nie Zeit zum Lesen.«

Es ist gut, daß keine begeisterte Fontane-Leserin auftritt, sondern diese Frau, die ahnungslos ein Stück deutscher Vergangenheit verkörpert und weggelassener Kultur, unterdrückter Möglichkeiten – und fontanescher Sympathien (menschlicher und sozialer).

Hätte Fontane sich gewundert? 1894 schrieb er an Georg Friedlaender: *Ich muß* echt-*historisch erzählen, ein* treues *Bild geben, nichts beschönigen, nichts vertuschen, nichts lächerlich machen und den Leser empfinden lassen* [...]*: diese Zeit gefällt mir nicht; ich bin froh, daß sie zurückliegt.*

Längst haben die Soldaten auf dem Turm den auffälligen Mann bemerkt, der nicht zielstrebig einem Grab zusteuert, sondern umherstreunt, suchend sich umsieht, ein Schlenderer, ein Flaneur, ein Causeur, einer, der zuviel Zeit zeigt, Aufschriften liest, sich gar Notizen macht.

Es liegen hier nämlich noch ganz andere Leute. Irgendwo ist der Staub von Louis Angely, der Schauspieler war und Lustspieldichter, der David Kalisch beeinflußt hat und Glaßbrenner. Angely, seit 1835 tot und längst eingeebnet. Angely hat das Berliner Lokalstück begründet, die Possen.

Wo ist das Grab von Benedikt Franz Leo Waldeck? Der linksliberale Demokrat von 1848 war Richter am Geheimen Obertribunal in Berlin und einer der volkstümlichsten Männer der Revolution. Als er 1849 gegen die Regierung auftrat, wurde er monatelang in Haft genommen. Er hatte unter anderem erklärt: »Das Volk will erlöst sein von dem grauenhaften Druck der Bürokratie, welcher auf ihm lastet. Es will seine eigenen Angelegenheiten selbst regieren. Es will in der Gemeindeverwaltung zur Selbsttätigkeit gelangen, die seine Mündigkeit fordert.« Das war natürlich Hochverrat.

Aufmerksame Leser von Karl Marx kennen Waldeck aus der »Neuen Rheinischen Zeitung«.

Aufmerksame Leser Fontanes erinnern sich an seine wöchentlichen Korrespondenzen für die »Dresdner Zeitung« über die Anklage und den Prozeß gegen Waldeck im Winter 1849: *Waldeck ist frei! Das Volk jubelt, die Konstabler hauen ein; aber das Volk jubelt weiter und will seine Freude, wenn es sein muß, mit einem Nachtlager auf der Pritsche gern bezahlen. Die Liebenswürdigkeit unseres Volkes und die Unerträglichkeit unserer Polizei stehen nebeneinander in Blüte. – Der Prozeß Waldeck ist für jeden ehrlichen Mann zu einer wahren Herzstärkung geworden. Man glaubt wieder an das Gute im Menschen.*

Als Waldeck 1870 starb, folgten Hunderttausende im Zuge, in dem der Allgemeine Deutsche Arbeiterverein zum erstenmal seine roten Fahnen zeigte. So einer war Waldeck. Aber sein Grab auf dem St. Hedwigs-Kirchhof scheint verschwunden. Ich finde es nicht. Keinem Gärtner kommt dieser Name bekannt vor.

Später stellt sich heraus: Es ist eingeebnet worden. Bei der Anfertigung der Staatsgrenze. Schade drum. Denn dieser von Karl Marx hochgeschätzte Benedikt Waldeck, dessen Feststellungen über eine vom Volke getragene Volksarmee keineswegs unter dem Niveau eines Scharnhorst stehen, gehört zu den Vorfahren einer Volksmacht, die mit ihren revolutionären Traditionen leben möchte. Er hätte Denkmalschutz verdient und ist nun schlimmer dran als Fontane.

Da nähert sich wachsam eine Doppelstreife von hinten. Der Mensch, der hier nicht unbefugt Eingetretene, im Vollbesitz seiner Papiere, läßt sich gern kontrollieren.

Wie oft, Mensch, bist du nicht ganz sicher, ob die dir überreichten Papiere die richtigen sind, ob nicht doch irgendein Stempel fehlt, ein Datum, eine Unterschrift, eine Zahl. Wer ist noch nicht zurückgeschickt worden, irgendwann, irgendwo? Wer hat noch nie etwas zum zweitenmal ausgefüllt? (In diesen Leerraum .... dürfen Sie beim Lesen auswendig Ihre Personenkennzahl eintragen.) Wer fühlt nicht mehrmals in seinen Taschen nach den Personalpapieren? Wer schläft in der Nacht vor der großen Reise wie sonst?

Hier und jetzt, noch nie war ich bei einer Kontrolle so frohgemut. Mir hätte etwas gefehlt an diesem Fontanetag, hätte ich die Scheine ungeprüft wieder abliefern müssen. So aber kann ich sie vorzeigen. Seht, meine Freunde, euer hoher Chef, der Stellvertreter des Ministers für Nationale Verteidigung und Chef der Politischen Hauptverwaltung der Nationalen Volksarmee, förderte mein Vorhaben. *Wer schaffen will, muß fröhlich sein*, hat Theodor Fontane gesagt.

Ja, fast hätte ich vergessen zu erzählen, das Grab Fontanes ist gar nicht sein Grab. Bei Kriegsende 1945 hat hier ein Artillerievolltreffer das Grab der Fontanes unwiederbringlich umgepflügt. Das, was heute als Fontanes Grab auf Kosten des Magistrats gepflegt wird, ist ein Kunststück der Friedhofsgärtner und der ersten kulturell bewußten Nachkriegsgeneration. Aber: *Die Dinge an sich sind gleichgültig. Alles Erlebte wird erst was durch den, der es erlebt.* [Fontane, »Der Stechlin«]

S. 85 Manuskriptseite aus »Der Stechlin«: Gespräch zwischen Dubslav und Pastor Lorenzen

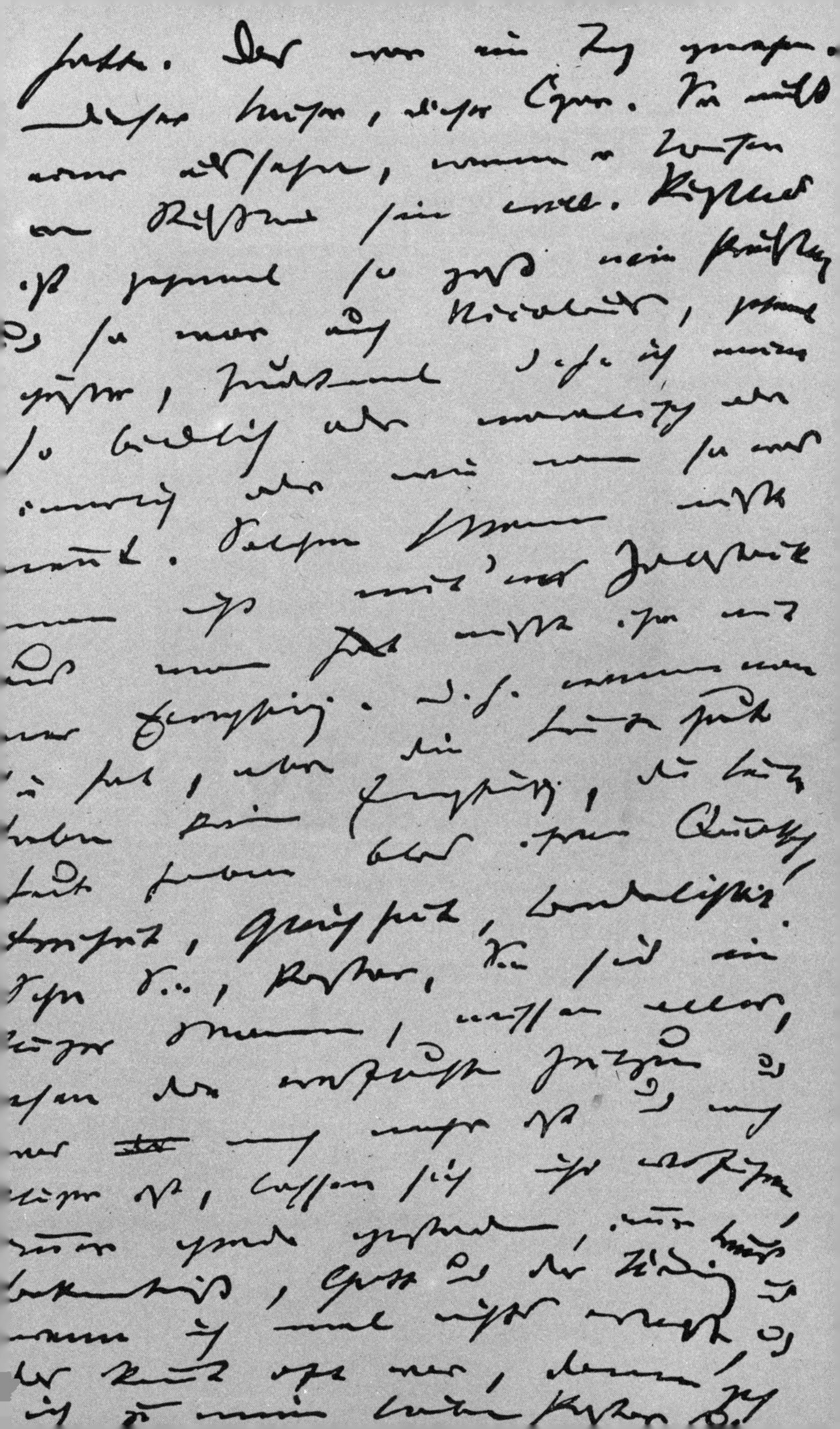

Dachkonstruktion
Tucholskystraße

Eine der schönsten Stellen im Garten ist das Dach. Es muß mit einer Leiter zu besteigen sein. Von außen. Kein vornehmes Dach. Kein Blechdach. Eines mit Dachpappe.

Das Dach, das von unten und von weitem so intakt aussah, es hat sich Löcher zugelegt, allerlei Risse und Durchlässigkeiten. Die Dachpappe verlangt nach dem schwarzen Stoff, der unter dem Namen Kaltanstrich in Pappeimern verkauft wird. (Die kein Taxifahrer befördert, andere öffentliche Verkehrsmittel und dich darfst du bekleckern.) Dieser Kaltanstrich - in Berlin in einem Laden erhältlich, der in der *Tucholskystraße* liegt - wurde mir schon zu Beginn meiner Gartenlust empfohlen und fällt durch seinen eigenartigen Namen auf: Paratect Büchner. Das klingt wissenschaftlich und poetisch zugleich. So soll der Mensch sich in seinem Garten verhalten, und besonders auf dem Dach.

Oben auf dem Dach sieht die Welt anders aus. Als ob in bestimmter Höhe andere Gedankenfäden sich ergreifen lassen. Den Eimer mit Paratect stellst du erst mal neben dich.

Para ist eines der wenigen griechischen Wörter, die mir als Schulknabe sympathisch waren. Es läßt sich leicht behalten. Später lernt man, daß nicht nur angenehme Dinge mit dieser Silbe anfangen. Büchner hingegen bedeutet, daß du in einer Ecke im Gras oder im Unkraut sitzen sollst oder auf dem Dach, um ein paar Seiten von Georg Büchner oder seinesgleichen zu lesen.

Parataxe war so ein Wort. Es tauchte im Fernstudium auf, im Fach Stilistik. Das ist eines der Fächer, bei denen man, wenn man aufpaßt, zunächst das Schreiben verlernt, und - wenn man nicht aufpaßt, nie den neuen Anfang erlebt, der aus dem Gelernten aufsprudelt. Hypotaxe, die Methode, sich von oben nach unten an den Leser zu wenden, also wie vom Dach aus, nennen die Schriftgelehrten Unterordnung, weil der Leser das tun soll. In der Parataxe, zu deutsch Nebenordnung, werden die Einfälle, Bilder und Reizworte für den Leser nebeneinander hingestellt. So wie hier.

Ein Mensch auf dem Dach, übermütig wegen des seltenen Weitblicks, merkt nicht, wenn man ihm die Leiter entzieht wie das Wort.

Vom Dach war die Rede, das neuen Anstrich verlangt, eine neue Haut. Doch erst muß besichtigt werden. Friedlich erscheint die Dachrinne von unten. Oben birgt sie ein stehendes Gewässer. Ebbe und Flut, Sandbänke und Blätter vom Herbst. Stinkender Schlamm, herrlicher Nährboden. Obgleich ich es wissen müßte, immer wieder überrascht der Anblick der überfüllten Dachrinne.

Ich rüttle nicht daran. Sie würde zerbrechen, denn sie stammt aus der Zeit, als die Menschen an Dachrinnen aus Plaste glaubten.

Nun beginnt ein Wasserspiel. Mit der hohlen Hand, weil es mit ihr am besten geht, die Rinne ausschöpfen. Die schwarzen Blätter, den Schlick und Schlamm, den köstlichen Morast. Wenn es naßkalt bis zum Ellbogen in den Ärmel rinnt, denke ich an Andersen. »Tölpel-Hans«, der reitet hinter seinen beiden Brüdern her in die Stadt, um die Königstochter zu heiraten. Sie wird denjenigen zum Manne nehmen, der seine Worte am besten zu setzen weiß. (Kein schlechtes Auswahlprinzip.) Die großen Brüder sind entsetzt, weil Tölpel-Hans unterwegs eine tote Krähe als Geschenk einpackt, und dann einen Holzschuh, dem das Oberteil fehlt, und schließlich eine Jackentasche mit Schlamm füllt. »Pfui«, riefen die Brüder, »das ist ja Schlamm, der gerade aus dem Graben geworfen ist!« (Oder frisch vom Dach.)

Ja, freilich, antwortet Tölpel-Hans, »und es ist die feinste Sorte, man kann ihn gar nicht halten!« Diese Stelle, wenn meine Mutter sie vorlas, gefiel mir, weil ich dachte, daß man auf diese Weise immer eine Königstochter erringen kann. Inzwischen stellte sich heraus, daß es statt einer toten Krähe auch Fasan mit Ananaskraut sein kann, Schuhe mit Oberteil und alles mögliche, wenn es von der feinsten Sorte ist, aber niemals einfacher Schlamm, es sei denn, es hinge samt Dachrinne ein Haus daran.

An dieser Stelle paßt ein Märchen-Feuilleton von Franz Hessel: »Ich bin der älteste der üblichen drei Brüder. Ich muß immer zuerst in die Welt hinaus und habe kein Glück.

Mein Tischlein-deck-dich vertauscht mir der Gaunerwirt. Die komische alte Frau lach ich aus, weil ich nicht merke, daß es eine Fee ist. Der König wirft mich in den Schlangenhof, weil ich seine Hasen nicht hüten kann. Die Prinzessin läßt mir den Kopf abschlagen, weil ich ihr Rätsel nicht lösen kann oder sie nicht zum Lachen bringen kann.

All das, Gauner entlarven, Feen riechen, Hasen hüten, Prinzessinnen enträtseln und lächern, das versteht die kleine Kröte, mein jüngster Bruder.

Dabei hat er zu Hause nie was getaugt. Und ich so viel, daß ich in der Fremde nicht merke, worauf es ankommt. Vielleicht will's auch die Weltordnung, daß ich erst alles falsch machen muß, damit es nachher der Kleine richtig macht.

Von unserem mittleren, dem zweiten Bruder, will ich gar nicht sprechen. Er ist so unwichtig, daß seine Erlebnisse immer abgekürzt erzählt werden, weil sie meist schon in meinem Teil vorkommen.«

Das hat Franz Hessel 1926 veröffentlicht in einem Büchlein, längst verweht. Er ist in der Emigration gestorben, der Sprachkünstler, dem in fremdsprachiger Umgebung kein Buch mehr gelang - die Faschisten haben ja nicht nur Schriftsteller und Bücher umgebracht, sondern eine ungeborene Literatur.

Vom Gartendach aus soll - ehe die Arbeit beginnt - vom Dachanstrich erzählt werden und von der Tucholskystraße in Berlin, wo es ihn zu kaufen gibt.

Wie sich denken läßt, hat diese Straße ihren Namen erst nach dem zweiten Weltkrieg erhalten. Vielleicht würde sie heute noch *Artilleriestraße* heißen, hätten die Umbenenner der frühen Jahre gewußt, daß kein Geringerer als der uniformierte Friedrich Engels 1841 in der am jenseitigen Ufer gelegenen Artilleriekaserne Dienst getan hat.

Alte Ansichtspostkarten der Artilleriestraße zeigen die Universitäts-Frauenklinik und das schön geschmiedete Geländer der Brücke. Ein anderes Foto, aufgenommen vom Turm der Frauenklinik (ein Blick vom Dach), zeigt Straßenbahnschienen, damit hauptstädtischen Verkehr beweisend in vergangenen Tagen.

Selten heilt die Zeit alle Wunden der Artillerie. Verschwunden ist die kleine Ebertsbrücke, die den Artilleristen schnurstracks den Nachhauseweg durch die Artilleriestraße ermöglichte, wenn sie ihr Pulver in der Auguststraße verschossen hatten, im Ballhaus, in der Acker- und in der Linienstraße und in den umliegenden Ritzen.

1880 näherte sich der Wiener Feuilletonist Daniel Spitzer auf seine Weise: »Man findet wohl in keiner anderen Stadt so viele Straßen und Plätze, die nach Schlachten und Feldherren benannt sind, wie in Berlin. Ja, sogar jeder einzelnen Waffengattung ist irgendeine Straße oder ein Platz gewidmet, und so gibt es beispielsweise eine Füselier-, eine Kanonier-, eine Kürassier-, eine Pionier,- eine Jäger-, eine Schützen-, eine Dragoner- und eine Ulanenstraße ...« Folgerichtig nennt er auch eine Invalidenstraße, doch die Artilleriestraße entging ihm.

Kurzum, wer durch die Tucholskystraße zur Friedrich-Engels-Kaserne gelangen möchte, muß einen Umweg nach links oder rechts nehmen. Steht er nun in der Sackgasse vorm Wasser, kehrt er, weil die Brücke fehlt, um und geht die Tucholskystraße wieder zurück, mag er einen Blick auf das Haus Nummer 9 tun. Zwei

Füllhörner sind an der Fassade zu erkennen, ein Löwenkopf, und es sieht so aus, als sei über dem Haupteingang einst mehr gewesen, eine Schrift vielleicht.

Der Betrachter steht vor dem Gebäude der einstigen Hochschule für die Wissenschaft des Judentums, einer Stiftung des Berliner Stadtrats Moritz Meyer. In den Statuten hieß es: »Alle Studierenden, ohne Unterschied des Glaubens, des Geschlechts und der Fakultät, können als Hörer zugelassen werden.« Die Lehrvorträge der selbständig existierenden Hochschule boten verschiedene Richtungen an, was den Studierenden die Erschwernis auferlegte, sich in verschiedene Gedankengänge zugleich zu vertiefen und sich eine eigene Überzeugung selbständig zu erarbeiten. Bei solchen Zuständen ergab sich von selbst, daß die Hochschule nicht nur von einer Seite her angefeindet wurde.

1883 bekam die 1872 gegründete Anstalt die Rechte einer juristischen Person verliehen. Aber mit dieser Gabe, mit der er die Existenzberechtigung anerkannte, nahm der Staat ihr den Namen weg. Einer Sache, einem Menschen, einen Namen geben oder vorenthalten, damit ist die Machtfrage gestellt. Juden durften keine Hochschule unterhalten im Angesicht der Friedrich-Wilhelm-Universität, aus der man flugs über die Ebertsbrücke in ein paar Minuten lief, die Vorlesungen wechselnd. Von nun an »Lehranstalt«. Aber der Volksmund sagte weiterhin »Hochschule«. Dieser Name war sowieso mehr als Programm zu verstehen; er sollte ein wissenschaftliches Höchstmaß ausdrücken und anstreben.

Das Gebäude in der Artilleriestraße wurde 1906 erbaut. Eine alte Aufnahme zeigt, daß in einem Medaillon zwischen dem zweiten und dritten Stockwerk Davids Stern leuchtete. Über der Tür, über dem Löwenhaupt stand in hebräisch und deutsch »Der Wissenschaft des Judentums«. Eine Widmung an Stelle der genauen amtlichen Bezeichnung. »Hochschule« durfte man nicht, »Lehranstalt« mochte man nicht hinschreiben. So war das weggelassene Wort in viel stärkerer Betonung vorhanden, als wenn man es hätte lesen können. Der Beschränktheit der Behörden verdanken wir Pointen.

In der und um die *Oranienburger Straße* wohnten noch bis in die zwanziger Jahre so gut wie alle Rabbiner der Jüdischen Gemeinden aller Richtungen. Im geographischen und auch gesellschaftlichen Mittelpunkt dieses Stadtabschnitts in jüdischer, aber nicht bloß in ihrer Sicht stand und steht noch als Ruine die Neue Synagoge von 1866: Von stadtbildformender Schönheit, Schwerpunkt eines großen Grundbesitzes der Jüdischen Gemeinde; neben ihr nach Osten hin der Komplex der Verwaltungsgebäude, die auch die bedeutende Gemeindebibliothek und die Kunstsammlung beherbergte.

Gershom Scholem erzählt in seinem Buch »Von Berlin nach Jerusalem« eine boshafte Anekdote: »Boshafte Gemüter pflegten in den Jahren vor dem Ersten Weltkrieg zu erzählen, daß in dem bekannten Restaurant neben der Großen Synagoge in der Oranienburger Straße, Ecke Artilleriestraße der Oberkellner am Eingang stehe und sich an die feiertäglich gekleideten Gäste wandte: *Für die Herren Fastenden wird im Hinterzimmer serviert.*«

Heute in der Oranienburger nahe der Ecke Artilleriestraße: An einer verwitterten Hauswand untereinander »Liqueur«, »Cognac«, »Arrac«. Wenn man ein Wort gedeutet hat, läßt sich der Rest entziffern, darauf einen Champollion. Grog, Rum, Punsch; nach kalten Zeiten klingt das in der Oranienburger Straße oder nach dem Geschmack der Zeit. Über dem Laden steht, später hinzugefügt, »Dauerwellen«. Doch nichts von alldem wird verabreicht.

Das noch vorhandene Bierhaus Oranienstübl, ist es ein Nachfahre jener Gaststätte, die um 1886 von der »Bierhallen-Actien-Gesellschaft zu Berlin« unterhalten wurde? Filialen in allen belebten Stadtteilen. Schnaps wird nicht ausgeschenkt. Es gibt ihn wahrscheinlich nebenan. Nur Bier, aber was für Sorten. Als Spezialität des Hauses nennt die Anzeige: »Die Bedienung in sämtlichen Hallen wird nicht durch Kellner, sondern durch die Angehörigen der betreffenden Ökonomen besorgt; demzufolge keine Trinkgelder zu verabreichen sind.«

Freitags: Löffelerbsen mit Speck. Mittwochs: Frische Blut- und Leberwurst mit Sauerkohl. Sonntags: Frikassee von Huhn. Diverse kalte Speisen, belegte Brötchen (Kaviar, Lachs ets.). »Der großartige Verkehr der Weltstadt zeitigt so eigenartige Unternehmungen, daß man oft nicht weiß, ob man mehr über das Leben und Treiben oder über den Scharfblick staunen soll, mit welchem sofort die Bedürfnisse für den sich stets steigernden Verkehr herausgefunden werden.«

»Da hast du's«, sagt Rosi Nante, als sie das liest.

Die Tucholskystraße hieß früher Artilleriestraße. Die Artilleriestraße hieß früher *Wassergasse.* Artilleriestraße: George Grosz, auf seinem Schulweg kam er hier entlang. Morgenstern (Palmström) wohnte als Student in der Nummer 31.

Die 31, das ist mittlerweile die Nummer 40. Ein schöner Torbogen. »Textil-Commerz«, »VEB Wärmeversorgung«, »Interwerbung«. Respektable Schilder. Hinter diesem Vorderhaus wurde am 19. Juni 1904 der Schlußstein für eine Synagoge gelegt. Rund sechzig Jahre später, beim Abriß der Ruine, gab er Urkunden her, Papiere der Gemeinde, die sich *Adass Jisroel* nannte und hier einen Tempel baute im Hinterhaus, dessen Jugendstilfassade steht und den Stern zeigt, der Hitlers Wüten entgangen ist. Auch am Wochenende, wenn das Tor verschlossen ist, sind die Details gut durch das Gitter zu erkennen.

Papiere der Gemeinde, wohlverwahrt in beneidenswert dauerhaften Briefumschlägen. Die Geschichte, die Statuten, das Mitgliederverzeichnis, handschriftlich auf den letzten Stand gebracht. Die Synagoge hatte 800 Plätze. Warum ging man nicht die wenigen Schritte bis zur Oranienburger Straße in die Neue Synagoge? Deren Name nennt den Grund. Dort verwendeten die neumodisch Angepaßten beim Gottesdienst die deutsche Sprache. Adass Jisroel hingegen sammelte seit 1869 die orthodoxen Gläubigen, die um die altehrwürdigen Gesetze Bemühten. Sogar einen eigenen Friedhof gründeten sie.

Im Vorderhaus der Nummer 40 befand sich das Rabbinerseminar mit einer angesehenen Bibliothek. Im Erdgeschoß des Seitenflügels liegen die Räume der Mikwe, des Jüdischen Ritualbades. Durch eine eigene Brunnenbohrung – es darf nur unaufbereitetes Quell- oder Flußwasser verwendet werden – gelangt das Wasser unter ständigem Zu- und Abfluß in ein Tauchbecken. Daneben befindet sich ein Wannenbad, damit man sich wieder aufwärmen kann nach dem dreimaligen Untertauchen im eiskalten Wasser. Früher wurde diese Einrichtung regelmäßig von den frommen Juden besucht. Heute dient sie nur noch selten bei einem Übertritt zum Judentum dem religiösen Zeremoniell.

Der Gang durch die Wassergasse. Versäumt nicht den Blick auf die andere Straßenseite. Die Nummer 43, die alte Nummer 4. Ein Mädchenkopf von der Jahrhundertwende über der Tür. Größer als üblich. Jemand hat ihr ein Auge ausgeschossen. Das verbliebene macht sehend.

Der tüchtige Herr von Zedlitz veröffentlichte 1834 ein »Conversations-Handbuch für Berlin und Potsdam«, dem bis heute, oder gerade heute, wegen seiner Beschreibungen hoher Quellen- und Unterhaltungswert zukommt. Wer nichts Bestimmtes darin sucht, liest zum Vergnügen.

Die Artilleriestraße fehlt. Die hat Zedlitz ausgelassen. Sonst weiß er von den Straßen viel, gibt ihre Länge und Merkmale an, den Namen des leitenden Polizisten. Also werden wir, durch Seitenstraßen bei Zedlitz kommend, die Artilleriestraße suchen.

Da wäre der Weg von Süden. Das ist von der *Weidendammer Brücke* aus in Richtung Bode-Museum am Wasser entlang. An der Friedrich-Engels-Kaserne vorüber, damals Kaserne des 2. Garde-Feld-Artillerie-Regiments - deshalb die Artilleriestraße auf dem anderen Ufer. Aber die Brücke ist nicht mehr da.

Da baut uns Zedlitz eine. Die *Ebertsbrücke,* jedoch nicht nach einem Friedrich heißend, sondern nach Ernst Christoph Philipp Ebert, Rechnungsrat und Stadtverordneter, der sie um 1830 »auf Aktien erbaute«, was eine vieldeutige Formulierung sein kann. Zuerst hölzerne Zugbrücke gewesen, später breit und mit zwei Straßenbahngleisen. Und wenn du noch eine Weile hier stehst und mit deinen Blicken die Spree umrührst, wird dir Hoffmann eine seiner Figuren schicken. Die Geschichte vom verlorenen Spiegelbild erfragen? Er selber erwartet dich vor dem Palast-Hotel.

Der nächste Weg zur Artilleriestraße führt von der Westseite her. Über Oranienburger Tor, Oranienburger Straße, immer gradaus, dann links in die *Auguststraße.* Da drüben ist ein Lokal, aber geschlossen. Dann ein Friseurladen, aber geschlossen. Jemand flüstert, es soll eine Konditorei eröffnet werden. Aber ein Brotbäkker würde eher gebraucht. Der nächste ist am Oranienburger Tor. Jedenfalls, dieses Eckhaus da drüben in der Tucholskystraße ist so alt wie das »Conversations-Handbuch«, in dem es nicht erwähnt ist, ungeachtet der girlandentragenden Putten über der Tür.

Aber wir stehen noch neben dem Lebensmittelgeschäft an der Ecke Auguststraße, unentschlossen, bei dieser Gelegenheit ein halbes Mischbrot zu erwerben ... Es ist nicht voll im Laden. Mit dem Metallkorb zwischen den Regalen entlang. Nicht zu viel einkaufen, unnötiges Schleppen. Nur ein halbes Brot.

1945 stand an dieser Ecke ein deutscher Panzer und schoß. Und ein Ende weiter stand ein sowjetischer Panzer und schoß. Und Artillerie schoß in die Artilleriestraße, und Infanterie griff an.

Als etwas Ruhe eintritt, hört man im Luftschutzkeller sagen, drüben, in der Auguststraße, der Bäcker, der backt heute nacht. Und die hungrigen Frauen robben vorsichtig in der Dämmerung über die Straße in den Hausflur an der Backstube, wo eine von einer verirrten Kugel - wie das so heißt, aber es sind weder die Kugeln, noch verirren sie sich - im Hals getroffen wird, verblutet.

An dieser Ecke, das konnte Zedlitz nicht wissen, stand 1848 eine Barrikade. Bis Infanterie kam, bis Kavallerie kam, bis Artillerie kam in die Artilleriestraße.

Die *Auguststraße* war 1833 schon zweimal umbenannt worden. Auf getrockneten Entenpfützen in der Nähe der Armesünderstätte festgetreten, hatte sie nach ihren Bewohnern *Armengasse* geheißen, später dann *Hospitalstraße.* Eine elende Gegend mit einem barmherzigen Asyl und einer (so Zedlitz) erst kürzlich eingerichteten freiwilligen Beschäftigungsanstalt für jene arbeitsfähigen Menschen, »die, weil sie behaupten, keine Arbeit finden zu können, sich einer dumpfen Gleichgültigkeit überlassen, welche nach und nach auf die schlimmsten Abwege führt«. Nun hacken sie Brennholz. Damit ersparten sich die Verbraucher den »häufigen Verdruß, den oft unverschämte Forderungen und grobes Betragen der zu dieser Beschäftigung gemieteten Personen sonst herbeiführen«. Vor- und Frühgeschichte der Barrikade.

Das Eckhaus mit den Putten beweist, daß zunehmend reichere Hausbesitzer in diesen Norden rückten. So war es 1833 an der Zeit, die Hospitalstraße umzubenennen, ihr den Namen eines preußischen Prinzen zu geben. August, Chef der gesamten Artillerie, freute sich, daß er eine Straße hatte. Zedlitz ist ebenfalls zufrieden: »Mit der Veränderung ihres Namens ist allen ihren Bewohnern, die sich nicht freiwillig zu den Hospitaliten zählen, ein großer Liebesdienst geschehen.« In diesem Sinne die Einwohner der Artilleriestraße zu erfreuen, darauf kam keiner.

In der Artilleriestraße befand sich die Kattunfabrik der Gebrüder Sparkäse, die vier Grundstücke besaßen. Berliner Kattundrukker waren die ersten, die 1844 gegen die immer schlechteren Arbeitsbedingungen protestierten. Als aus Schlesien Nachrichten kamen von den Webern, legten die Berliner Kattundrucker in mehreren Fabriken die Arbeit nieder und gingen ruhig ihrer Wege. Einige aber wurden verhaftet, denn nur als Angehöriger der besseren Kreise war man von der Arbeit befreit.

Ecke Auguststraße macht die Tucholskystraße einen deutlichen Knick. An dieser Stelle in Richtung Oranienburger Tor stand 1848 die Barrikade.

Von Kämpfen melden die Berichte nichts. Es gab wichtigere Stellen zu erwähnen in der Innenstadt, blutigere Ereignisse zu schildern aus der Mauerstraße, von der langen Brücke und vom Rathaus. In dieser heute unansehnlichen, selten erwähnten Tucholskystraße, in der so viel von deutscher Geschichte zu sehen und abzulesen ist, am Rande – folgerichtig befindet sich unter den Opfern der Märztage von 1848 ein Bewohner der Artilleriestraße: J. Franckenberg, 26 Jahre alt, aus Oels in Schlesien. Schlossergeselle bei Borsig. Ist er vor seiner Arbeitsstelle ums Leben gekommen? Gehört er zu denen, die beim ersten Kanonenschuß fielen am Oranienburger Tor?

Dort stand die Garde-Artilleriekaserne. Die dazugehörigen Offiziere kamen aus der anderen Kaserne am Kupfergraben, wo sie beim Mittagessen gestört worden waren; schon während der Suppe vom Alarm überrascht.

Die Offiziere nahmen den kürzesten Weg: über die Ebertsbrücke durch die Artilleriestraße. Dann durch die Auguststraße zum Oranienburger Tor, das damals wirklich ein Tor war.

Aber so einfach ist der Weg nicht. Leutnant Prinz Hohenlohe-Ingelfingen: »In der Artilleriestraße kamen wir an eine Stelle, wo durch das Zusammenschieben von Wagen der Beginn mit einer Barrikade gemacht. Angesichts unserer Anzahl« – es waren zwölf Offiziere – »ließ man uns ungehindert zu den Batterien in die Kaserne am Oranienburger Tor.« Ungehindert – es ist der erste Tag von 1848 und noch nicht der letzte von 1945.

Zuviel Respekt vor der Uniform. Vor dem Offizier und seinem Befehlston. Und zu wenig Sachkenntnis. Die unerfahrenen Berliner bauen ihre Barrikaden an den Kreuzungen und sperren dort ab, anstatt das Hindernis hundert Schritt weiter zurück in die Straße zu verlegen. Dann können Angreifer von den Seiten und von hinten beschossen werden, dann bekommen sie es aus drei Richtungen; vor allem die Offiziere erwischt man besser, soweit die Soldaten nicht selber die Gelegenheit ...

Dort, wo am Oranienburger Tor die *Hannoversche Straße* beginnt, an der Stelle, wo heutzutage die Ständige Vertretung der Bundesrepublik Deutschland sich befindet, lag seinerzeit die Kaserne der berittenen Artillerie.

Als die alarmierten Truppen abgerückt waren in Richtung Schloß und Innenstadt, wollte die verbliebene Besatzung den Bau einer Barrikade vor dem Oranienburger Tor verhindern, wurde aber durch einen Steinhagel vertrieben. Die Artilleristen kamen mit einer Haubitze wieder und schossen aus kürzester Entfernung auf die in einer Türhalle des Tores zusammengedrängte Menschenmenge.

Rosi Nante will jetzt ein Gedicht aufsagen. Wie in der Schule. Aber in der Schule hat sie es nicht gelernt.

Rosi Nante legt die Hände auf den Rücken, holt tief Luft und spricht:

Lügenmärchen.
Von *Robert Prutz.*

Jüngst stieg ich einen Berg hinan,
Was sah ich da!
Ich sah ein allerliebstes Land,
Der Wein wuchs an der Mauer
Und dicht am Throne rechter Hand,
Stand Bürgersmann und Bauer.
Wunder über Wunder!
Keine Barone
Neben dem Throne?
Unterdessen nimmt mich's wunder.
Und weiter stieg ich frisch hinan,
Was sah ich da!
Kein Lieutenant war, kein Fähnrich dort
Und kein Rekrut zu sehen,
Man wußte nicht das kleinste Wort
Von stehenden Armeen.
Wunder über Wunder!
Keine Barone
Neben dem Throne?
Glückliche Staaten
Ohne Soldaten?
Unterdessen nimmt mich's wunder.
Und weiter frisch den Berg hinan,
Was sah ich da!
Das ganze liebe Land entlang,
–

– da zerplatzt die Kartätsche an der Wand des Oranienburger Tores in fünfzig eiserne Kugeln. Tote und Wehgeschrei. Auch aus der Ferne, wo verirrte Kugeln sich den Irrtum vorbehalten.

– da kann sie nicht weiter. Da versagt das Gedächtnis oder die Sprache. Lies doch weiter. Zeig mal. Rosi hat es im »Volkskalender für 1850« gefunden. Lies weiter. Es kommen noch sieben Strophen, immer längere.

»Es gibt keine *Lügenmärchen,* sagt Rosi Nante später, als sie das Büchlein neben einem Toten wiederfindet, der so mit Kalkstaub

S. 97 Wandaufschrift Tucholsky-/Ecke Oranienburger Straße
S. 98 Postkartenansichten um 1900

Geburtshilflich-Gynäkologische Klinik in Berlin N., Artilleriestr. 13-

von der Mauer bedeckt ist, daß man ihn zunächst für einen Müller hält. (So kalkweiß wie die Toten aus dem Luftschutzkeller.) Es ist aber ein Arbeiter aus der Schmiedewerkstatt. Bei Borsig oder Engells wird er vermißt werden, bei Wöhlert oder Rüdiger. Fast viertausend Arbeiter sind in dieser Gegend vorhanden und herbeizuholen. Wenn sie sich vorbereitet hätten oder für den Kampf organisiert gewesen wären, sie hätten nicht, wie es der Fall gewesen, an verschiedenen Stellen der Stadt gekämpft, weit entfernt von ihren Arbeitsplätzen, sondern gemeinschaftlich die Artilleriekaserne gestürmt. Als geschlossene Kolonnen treten sie erst beim Trauerzug auf. Das wiederholt sich im Lauf der Geschichte.

Ein andermal kommen wir vom Oranienburger Tor her durch die Oranienburger Straße. Im Erdgeschoß steht in Hüftnähe ein erleuchtetes Fenster offen. Neben der Haustür das Schild: »Fachschule für Artistik«. Wer blickt nicht in ein Fenster, wenn es hell ist und offen: Küchenfrauen bei der Arbeit. Man erwartet, daß sie mit den Tellern jonglieren oder wenigstens alles im Handstand verrichten?

An der Ecke Tucholskystraße, wo das backsteinerne Postfuhramt ragt, links einbiegen. Drüben gleich, das Eckhaus, das recht wacklig aussieht, macht über seinem Eingang bekannt, daß es »34. Oranienburger Str. 34.« heißen will. Ganz alte Buchstaben, wie wir sie von Grabinschriften kennen um 1848 und von Flugblättern jener Zeit.

Weitergehen nach Norden, langsam, nicht stolpern. Immer die Augen auf die gegenüberliegende Seite gerichtet. Die Häuser mit den Nummern 22 bis 28 sind zwischen 1830 und 1850 erbaut. So sehen sie auch aus. So sehen sie nicht aus, wenn man das nicht weiß, denn eine solche Vergangenheit traut man ihnen nicht zu.

Rosi Nante als altes Mütterchen beim Arzt. Der horcht sie ab, der klopft an ihr herum, fühlt nach der Leber, prüft die Bauchdecke, meint schließlich: »Sie gefallen mir nicht.« »Das hätten Sie mir vor fuffzig Jahren nich gesagt«, antwortet Rosi. So ist das auch mit den Häusern. Nur, für die kann man mehr tun.

Braungestrichene Kellertüren. Mit Vorhängeschlössern. Daneben vergitterte Kellerfenster. Das sind Wohnungen gewesen, die berüchtigten Kellerwohnungen. Die feuchten Löcher. Auf den Höfen sieht es noch eher wie vor hundert Jahren aus.

»Kuchen-Bauer«, der baut schon lange keine Kuchen mehr. Schade.

Im Jahrzehnt vor dem ersten Weltkrieg fand, wer die Adresse wußte, in der Artilleriestraße die Saltykow-Lesehalle. Sie war Treffpunkt russischer Emigranten, Sozialdemokraten, die beispielsweise Zeitungsartikel lasen, die jemand unter dem Namen Lenin verfaßt hatte.

Nur für Eingeweihte. Die Lesehalle als eine gefährliche Brutstätte revolutionären Geistes. Und alles schrecklich kompliziert. Wegen der Sprache und wegen der verschiedenen Richtungen; Orthodoxe und Reformatoren, Abweichler und Mitschwenker, Volksfreunde und Troglodyten, Bolschewisten und Otsowisten – diese Fremdwörter. Nicht einmal die deutschen Polizeispitzel finden sich zurecht. Der ferne Zar muß eigene Leute schicken. Die russische Geheimpolizei schafft eine eigene West-Agentur und bildet für Berlin Leute aus, Kennwort Artilleriestraße, damit sie dort horchen und gucken. An den mehrfach beschrifteten und übermalten Seitenwänden eines gewesenen Ladens läßt sich »Berichte und Auszahlung« entziffern. Das wird doch nicht gleich so prompt –

»Komm endlich«, sagt Rosi Nante. Am Torbogen schütten zwei liebliche Göttinnen Blumenfüllhörner aus. Dieses Haus hat auch bessere Tage erlebt.

Eine Weile hat Rosi Nante ganz nahe der nächsten Ecke in der Linienstraße gewohnt. Die 113 ist voller Einschüsse. Da waren Maschinenpistolen in der Artilleriestraße, 1945.

Aber das war nicht Rosis Haus. Sie wohnte hoch oben, am Ende einer unendlich steilen Treppe hinter einer Tür ohne Namensschild, was mich damals sehr wunderte. »Das ist hier so«, antwortete Rosi, als ich fragte, denn sie war nur mit gut Glück zu finden.

Sie wohnte fast über den Dächern. Man blickte auf verwinkelte Höfe und Schornsteine, verwitternde Firmennamen und konnte aus dem Mansardenfenster kriechen bis auf das Dach; eine kleine Plattform, neben der es anderthalb Meter weiter schräg hinabging.

Rosi pflegte bei gutem Wetter dort zu sitzen. Las und sonnte sich, aber nicht so nackt, daß von den gegenüberliegenden Dächern und Fensterbrüstungen Männer mitsamt Feldstecher abstürzen mußten.

Sie lud mich mit nach draußen ein. Aber ich konnte gar nicht hinsehen, wenn sie über ihr Fensterbrett stieg. Wendete mich ab, sagte nichts, wartete auf den hohlen Schrei, falls sie ausrutschte auf dem Blech. Die Vorstellung, daß ein paar Dachziegel weiter unten die Dachrinne hing, an der man sich nur im Film festhalten und hangeln und aus eigener Kraft wieder in die Höhe ziehen kann. Mein stummes Entsetzen machte ihr Freude. Sie lehnte sich weit vor und begann zu erzählen, was sie unten sah. Sie ließ es erst sein, als ich sagte: »Rosi, diese Art Schreck fährt bei mir in eine Gegend, die du lieber nicht auf diese Weise lähmen solltest.«

Ohne den halsbrecherischen Ausguck zu betreten, war durch ihr Fenster die Spitze des Postfuhramts gut zu sehen. Damals wußte ich nicht, um welches Gebäude es sich handelt, sah nur die Kuppe und oben den Rundgang mit dem Geländer. Wünschte, Berlin von dort zu betrachten. Mit einem Geländer ringsherum bin ich schwindelfrei.

Nun ist es Zeit, sich dem schönsten Bauwerk zuzuwenden, dem architektonischen Prachtstück der Tucholskystraße: dem Postfuhramt. In Muße studiert es, wer gegenüber in der Oranienburger (wo Humboldt gewohnt hat) auf die Straßenbahn wartet.

Dreistöckige Fassade, roter und gelber Backstein, Berliner (italienische) Renaissance. Zwei kleine Türen und eine große, achteckige Kuppel, auf der noch ein Türmchen steht mit der Aussichtsplattform. Aber wer darf hinauf?

Sechs Jahre Bauzeit. 1881 war es der repräsentativste Behördenbau Berlins. Keine Kaserne war schöner. Das hätte man fortsetzen und pflegen sollen. Die Post, da sie einem Generalpostmeister unterstand, dem Generalstab überordnen, die Luftwaffe der Luftpost unterstellen, alle Zuträger als Zusteller ausbilden. Diese Gelegenheit wurde mehrmals vertan.

Genau an der Ecke eine Freitreppe. Aber das Tor ist vermauert. Hier könnte einer sein Lebtag lang auf Einlaß warten neben dem Türhüter - soll er doch lieber sein Glück versuchen in der Anmeldung in der Tucholskystraße. Wozu aber? Denn wie's drinnen aussieht ...

Die achteckige Kuppel läßt im Innern einen Saal vermuten, eine noch kostbarere Baufreude, eine halbrunde Kuppel mit Kassettendecke. Es ist alles da, aber mit allerlei Pappwänden in Büros abgeteilt, die sich schwer beheizen lassen.

Uralter Postboden. Einen Sonderstempel wert. Seit 1713 wohnten hier die Postillione mitsamt Pferden und Kutschwagen. Im Innenhof, auf dem 1925 die letzten Hufeisen klapperten, gibt es an der Wand ein ockerfarbenes Relief von Steinmann, 1878, in Breitwand: Eine vierspännige Postkutsche wird an einem Haltepunkt versorgt. Vorn schaut als Mitreisender der Generalpostmeister

Stephan heraus, das hat er verdient, weil er vor hundert Jahren nicht beim Postkutschendenken stehenblieb, sondern die Rohrpost sah, das Telefon und die Drucksache zur ermäßigten Gebühr.

Das Relief auf dem Hof ist nicht öffentlich zugänglich. Keine Sonntagsführung. Aber von ferne kann man es sehen, denn man erreicht manches auf dem richtigen Umweg. Aus der Tucholskystraße links in die Auguststraße einbiegen, Richtung Oranienburger Tor. Am Eingang zum Posthof vorbei. Wenn dort das Tor offensteht, kann man links an der Hauswand das Relief erkennen.

Ein paar Schritte, die Hauslücke, die Nummer 5. Das waren die Bomben. Die Bäume dort, der kleine Wald, den hat vor vielen Jahren ein Hausbewohner gepflanzt. Wie hoch sie schon sind.

Zurück, zurück zum Postfuhramt. Am besten Bescheid weiß über dieses Gebäude Karl-Heinz Laubner, ein Postmensch aus dem Hause gegenüber, um das wir uns noch kümmern werden. Er schreibt Postkulturgeschichte und kennt sich aus. Es klingt wie eine Postanweisung, ist aber seine Initiative: Diese Denkmale erhalten! Restaurieren lassen! Eine der vier Putten zwischen den Fenstern versinnbildlicht die Energie.

Wenn wir Außenseiter uns auf die Außenseite beschränken, sehen wir 26 Medaillons, Menschen darstellend, die der Post, worunter die Nachrichtenübermittlung im weitesten Sinne verstanden sei, etwas Gutes zugefügt haben. Der erste Kopf zeigt einen unbekannten assyrischen Boten. Vor zweieinhalbtausend Jahren wurde dort die Eilsendung erfunden.

Dann geht es weiter über Herodot und Marco Polo, Columbus und Galvani, Gauß und Morse bis zu Gustav Kirchhoff, der Physiker war, nur hat sein Porträt den Beschuß der Artilleriestraße nicht überstanden. Noch schlimmer erging es seinem Vordermann und Gegenüber, Medaillon 25. Niemand weiß, wer dort abgebildet ist. Wen soll man rekonstruieren und nachbilden? Wissen Sie es?

Schräg gegenüber wird ein Haus von zwei älteren Gebäuden in die Mitte genommen: in der Tucholskystraße vom Klinkerbau des Fernsprechamtes Nord, erbaut in der Weimarer Zeit; in der Oranienburger Straße von einem Bau, dem nicht jeder ansieht, daß er 200 Jahre zählt. An der Fassade blicken über den Toren milde Philosophen auf die Vorübergehenden, alte Griechen, die den dort eintretenden Mitgliedern der Großen Landesloge der Freimaurer die erforderliche Einstimmung gaben. *Alles fließt* oder *Alles hat seine Zeit*, immerwährende Spruchbänder, kein Wunder, daß sich dort das Institut für Post- und Fernmeldewesen befindet.

Tisch
Warme Küche

Vor 150 Jahren wurden an der Ecke die Paketpostwagen abgestellt. Heute überlegt man sich in diesem Haus moderne Verfahren und Geräte zur Beförderung von Nachrichten und Kleingut. Das Grundstück erlebte die Zeit der klassischen Postbeförderung, die nun bereits über hundert Jahre zurückliegt, und die sozialistische Umgestaltung des Postwesens.

Als der Krieg zu Ende ging, war das damalige Paketpostamt ein Ruinengrundstück. Die Grundmauern standen, und ehe sie 1953 gesprengt wurden, konnte man die Losung auf den Steinen lesen: »Wenn die Menschen sprechen, müssen die Waffen schweigen«. Leider ist dieser Satz meist im umgekehrten Sinne angewendet worden. 1962 war der Neubau fertig.

An der Ecke Oranienburger Straße bemerken wir neben dem Postfuhramt ein graues Gebilde, einen Eingang zur unterirdischen Stadtbahn. Von der sei mitgeteilt, daß ihre Strecke genau dem Verlauf der Artilleriestraße angepaßt wurde, als man die Nord-Süd-Bahn durch die alte Innenstadt grub. Anders ging das nicht. Sonst wären die Häuser mitsamt der Artilleriestraße zusammengebrochen.

Also, mit eingeschaltetem Röntgenauge: direkt unter dieser Straßenkreuzung liegt in Richtung dieser immer und immer wieder von uns betretenen Tucholskystraße ein Bahnhof.

Und während ich darüber zu scherzen versuche, wird Rosi ganz finster und fängt an, von einer Freundin zu erzählen, die ich nicht kenne, die ihr aber plötzlich eingefallen ist, wer weiß weshalb. Ist Tucholsky dran schuld oder die Artillerie oder der Bahnhof? Rosi – und manchmal muß man sie strömen lassen – ist bei einem Lieblingsthema: Weib mit Kind. Sich selber meint sie nicht, sondern jene Freundin, die sich von einem ahnungslosen Mann ein Kind –

»Mich wurmt der Gedanke«, sagt Rosi, »daß sie es buchstäblich für Geld getan hat. Wir sind zwar hier in einer Stadtgegend, wo zu Zilles Zeiten die Miezen auf und ab gingen oder sich als Hausfrau ein paar Talerchen verdienten, wenn der Mann auf Arbeit war. Es war nicht die schlimmste Gegend, nicht die verrufenste, schon wegen der vielen Juden konnte sie es nicht werden, aber –«

»Hast du gewußt«, sage ich, »daß bis zu dieser Ecke einst die Gärten der Kurfürstin reichten?«

»Mir reicht«, sagt Rosi unbeirrt, »daß sie ihren Garten nur einmal benutzen wollte«.

»Rosi«, sage ich, »sei still. *Ich* muß die Briefe beantworten. *Ich* muß mit den Leserinnen diskutieren.« Es ist nämlich so, daß ich das, was Rosi sagt, nie wegstreichen kann aus dem Manuskript. Und sie weiß es.

»Ich bin jetzt in der Wassergasse«, spricht Rosi, »hemme nicht meinen Lauf. Man nennt es bei der Jugendhilfe *einen Mann austricksen,* indem sie sagt, sie will nicht heiraten, will keine Scheidung und kriegt gar keine Kinder, es geht eben nicht bei ihr. Und das ist ihm einleuchtender als die Pille. Und dann wird ein regelmäßiges Monatseinkommen daraus; und wenn sie das Kind so aufzieht, daß es nicht verwahrlost Anstoß erregt - der Erzeuger darf es ohne ihre Erlaubnis nicht einmal sehen.«

»Schreibt sich tricksen mit x oder ck?« frage ich, denn die Frauen in der Tucholskystraße mustern uns beide im Vorübergehen. Das gefällt mit nicht. Womöglich halten sie mich für den -

Rosi sprudelt. »Genau berechnet. Sie hat's mir doch erzählt, daß sie sich einen feinen Kader aus der Industrie gesucht hat, Konto mit Dauerauftrag, im Stammbuch unter *Vater* ein Schrägstrich. Da hat sie das Kind wirklich nur für sich allein und lehrt es beiläufig, den stummen Zahler zu hassen, der sich nie um das Kind kümmert - weil sie es nicht erlaubt. Das aber erfährt das Kind nicht und fühlt sich vernachlässigt - Trost ist eben nur bei der Mutter.«

»Du lieber Himmel«, sage ich, »laß uns doch lieber von der S-Bahn reden dort unter uns, wo nur die Westberliner fahren. Das ist weniger heikel.« Und ich gebe vor, die Durchfahrt zu hören und in den Füßen kribbelnd zu spüren. (Ob Rosi eifersüchtig ist? Das sage ich nicht laut. Rosi ist ein Prachtstück. Wir bleiben zusammen, weil wir außerdem fair zueinander sind.)

Stimmt also noch, was ein Artillerist in sein Tagebuch schrieb? »In einer Stadt wie Berlin würde der Fremde ein wahres Verbrechen gegen sich selbst und den guten Geschmack begehen, wenn er nicht alle Merkwürdigkeiten in Augenschein nehmen würde.« Er hieß Friedrich Engels. Und eines Tages erkannte er einen Knaben, den er gar nicht gezeugt hatte, als seinen Sohn Frederick an. Ob ich Rosi jetzt sage, sie solle sich Rat bei den Klassikern holen? »Ich hole jetzt Dachanstrich«, sage ich.

Der Laden öffnet sich beim Klingelzeichen. Es gibt die schwarze Brühe nicht nur im Pappeimer mit Drahtbügel, sondern auch als Doppelportion, deren Hülle wie eine kleine Litfaßsäule anzusehen und zu transportieren ist. Sie hat keinen Griff und muß umarmt werden wie eine Braut aus Nitroglyzerin. Ich hatte sie schon im Arm, da fiel mir ein, daß so aufs Dach zu klimmen wäre - ich bleibe bei den Eimern.

Das Haus an der Ecke, die 31/33. Wenn ich architektonisch gebildet wäre, ich könnte die Treppe und den Lichtschacht beschreiben. Eine Treppe, wie sie von draußen keiner dem Haus zutraut. Das schöne Alt-Berlin. Die Filmleute kennen und mögen dieses Treppenhaus. Sehen Sie selbst.

Auf der Etage viele Türen. Ganz früher Schwesternwohnungen. Hausbriefkästen. Unter den Namensschildern das der »Tornados«. Nun kannst du an diese Artisten deine Dominosteine anlegen und weiterbauen in Richtung Friedrichstadtpalast und Neuer Friedrichstadtpalast. Eine andere Strecke würde den Filmepisoden nachgehen, Titelsuche.

Die nächste in eine Wohnung. Mit Bad. Durch die Küche ins Wohnzimmer. Der Blick von oben auf die Straße. Auf ein Leben in solcher Wohnung. Spielt nur weiter.

Es ist an der Zeit, vom Dach zu klettern. Vieles gesehen, das meiste nicht. Was mag jemand erzählen können, der in der Artilleriestraße wohnte oder mit dem Absender Tucholskystraße schreibt?

Wir haben kein Adreßbuch. Es wird in hundert Jahren sehr schwierig sein, den Spuren von Bewohnern der Tucholskystraße so nachzugehen, wie das in der Artilleriestraße möglich ist mit dem »Allgemeinen Wohnungsanzeiger von 1841«, der im Hause Nummer 8 drei malende Künstler nachweist. Das müßte, die neuen Nummern berücksichtigend, in der Nähe der *Johannisstraße* gewesen sein.

Am 19. Mai 1841 kamen mehrere Berliner Maler im Atelier ihres Kollegen Ludwig Rosenfelder zusammen, um einen Künstlerverein zu gründen. Sie waren verärgert über den Fackelzug, mit dem der vom König Eff Weh Vier aus München nach Berlin berufene Peter v. Cornelius hofiert worden war, ein Maler, der nicht viel vom Historien- und Landschaftsmalen hielt. So wurde an jenem Abend in der Artilleriestraße ein neuer Künstlerverein gegründet unter dem Motto: »Nischt vor uns selbst, alles vor die anderen, aber stets gegen dem Winde!« Und nun ...

Und nun ... Den Ignaz Wrobel vor der Staatsbibliothek abgefangen, den Herrn Panter in der »Weltbühnen«-Tür angesprochen, Kaspar Hauser aus dem Romanischen Café gelotst, Theobald Tiger von der Bahnsteigkante mitgenommen hierher und sie ihm gezeigt: »Damit Sie wenigstens einmal durch die Straße gehen, die nach Ihnen benannt werden wird, Herr Doktor.«

Die böhmischen Brüder, Mauerstraße

1861 malt Adolph Menzel ein kleines Bild, 24 mal 32 cm: »Kronprinz Friedrich besucht den Maler Pesne auf dem Malergerüst in Rheinsberg«. Da war Menzel Mitte vierzig, noch nicht geadelt, noch keine *kleine Exzellenz*, aber schon viel und weit gereist. Manchmal liegt's daran.

Kronprinz Friedrich, 1735, noch regiert er die schönen Künste und läßt sich von den Musen beherrschen, verabscheut die Wachparade und denkt nicht an Krieg. In dieser Zeit darf man ihn vielleicht Friedrich den Großen nennen.

Antoine Pesne, seit langem Hofmaler, arbeitet am »Sonnenaufgang«, einem Deckengemälde. Aber in diesem von Menzel empfundenen Augenblick wiegt er sich übermütig auf seiner künstlerischen Plattform. Er hat sie an seinem Rücken mit weichem Stoff gepolstert; eine Art Lotterbett. Man kann nicht immer alles aus der Fantasie holen.

Eine Manneslänge tiefer, auf dem unteren Gerüst, völlig in sein Spiel versunken, steht Franz Benda mit seiner Bratsche, der göttliche Benda. Deshalb sind sie oben so angeregt. Pesne, im Schwung der Musik, hat die Arme ausgebreitet. In der Linken ein Bündel Pinsel, die Rechte ist frei, mit der kann er das lachende Modellmädchen im weinroten Laken vor sich umarmen. Irgendeine Göttin stellt sie dar, den Sonnenaufgang, die Morgenröte, Aurora. Manches hat mit den Küssen der Aurora begonnen.

An die Decke ist das gemalt. Der Kronprinz hat Lieblingsfarben: Leingrau, Seladonblau und die schwer zu treffende Fleischfarbe. Neben dem Geiger wäscht unbeteiligt ein Gehilfe die Palette rein. Über den Eimer gebückt, bemerkt auch er nicht, daß hinter ihm an der Wand Friedrich auf das Malgerüst steigt und verwundert nach oben schaut; direkt über ihm stampft Pesne den Takt auf den Brettern, daß es kracht. Unbemerkt kommt der Chef. Gleich wird er rufen: Was ist denn hier los!?

Friedrich mit einem großen Stern auf der Brust – müssen diese Leute immer mit einem dicken Orden herumlaufen? Man grüßt sie ohnehin und nimmt ihnen den Mantel ab. Aber vielleicht muß Friedrich zum Befehlsempfang und sieht nur schnell mal rein, um zu sehen, wie sein Lusthaus wächst. Aber statt zu arbeiten machen sie Betriebsvergnügen. Und Unfug. Das steht deutlich auf dem Gesicht des obersten Baumeisters Knobelsdorff, der hinter Friedrich auftaucht. Der Kronprinz sieht nicht mehr wie der Jüngste aus. Es ist eher der spätere König, der inspizieren kommt. Menzels Zutat?

Und nun? Ärger? Oder gemeinsames Lachen? Das Gemälde dort oben – es ist fast beendet. Mag sein, sie feiern das. Das Beste aus der Situation macht vorn im Bild, wo die Plattform einen Winkel bildet, eine lebensgroße Gliederpuppe aus poliertem Rotholz. Sie liegt auf der Nase, ein Arm zum Aufstützen, den anderen weggespreizt, Wirbelsäulengymnastik, *volle Deckung,* denn Kronprinz Friedrich besucht den Maler Pesne in Rheinsberg.

Heute mal hinfahren? Das ist vielleicht gar nicht ratsam für unsereinen. Das Schloß wird als Sanatorium genutzt. (Eine namhafte Gelehrte, die verdientermaßen mit dem Betragen des Herrn König Friedrich umging, fährt dorthin zur Kur und kommt auf der Treppe so unglücklich zu Fall, daß sie sich beide Unterschenkel bricht oder die Füße. Und die Leute erzählen, der Geist Friedrichs habe ihr erzürnt seinen Krückstock zwischen die Beine gehalten, als sie die Treppe hinunterging. Da will ich, obgleich ich keiner der seit 1980 in Berlin aufblühenden Neo-Fridericusse bin, nachher einmal eine gute Tat dieses Königs erwähnen.)

Abermals ein Blick auf Menzels Gemälde. Hat er absichtlich den Baumeister und den Maler gemeinsam auf ein Bild gebracht? Könnte sein. Sie wurden auf dem gleichen Kirchhof beigesetzt; Pesne wollte neben seinem Freunde Knobelsdorff liegen. Später, als dort Baugelände nötig wurde, hat man sie umgebettet, ein Stückchen weiter südlich. Dort bekamen sie ein neues Grab, einen besseren Stein, bis der Krieg ihn zerschlug. In den siebziger Jahren mußte der Friedhof ein Stück hergeben wegen des Umbaus der Straße. Ich sehe die beiden, Pesne und Knobelsdorff, wie sie seufzend wieder ihre Habseligkeiten packen, mitternachts, und ein zweites Mal umziehen; einander ewige Ruhe wünschend, die war zugesagt und zugesprochen. Wie dem auch sei, Knobelsdorff und Pesne haben wieder einen gemeinsamen Stein. Etwas schlichter, aber ausführlich wie eh und je:

Georg Wenzeslaus v. Knobelsdorff 1699–1753
Baumeister Friedrichs des Großen
Antoine Pesne 1683–1757
Hofmaler Friedrichs des Großen

Zumindest auf diese Weise ist ihr Andenken erwähnt; irgendein Körnchen ihres Staubs wird nicht verflogen sein.

Die mit den größten Denkmälern sind nicht immer Größen. Deshalb wird nach geraumer Zeit, etwa die Urenkel besinnen sich, unter veränderten Größenverhältnissen gesucht und nicht immer gefunden. Daher bekommen ein paar Verlorengegangene an einer

GARETE KRAUSE
RUAR 186
AM 1. OCTOBER 19

guten Stelle, die sie sich zu Lebzeiten oder unmittelbar danach nie leisten konnten, einen schönen neuen Stein, ein Ehrengrab oder ein Ehrenscheingrab, denn es liegt ja oft keiner darunter, und wenn, nicht derjenige, welcher.

Wenn einer sich die Rückseite des Gedenksteins der beiden Hofkünstler betrachtet - es ist ein alter Stein und schon einmal benutzt. Unterhalb einer stilisierten Harfe mit Lorbeerzweig lassen sich Daten nicht entziffern, sondern lesen.

Margarete Krause

geb. am 27. Februar 1862

- da hat Menzel gerade das Bild von Pesne auf dem Malgerüst fertig.

gest. am 1. Oktober 1905.

Längst ist ihre Liegezeit abgelaufen.

Deutsche Sparsamkeit hat einen gebrauchten Grabstein wiederverwendbar gemacht.

Margarete Krause, unauffälliger Name eines Menschenkindes, nun durch die Vorderseite der Unsterblichkeit näher gekommen, jedenfalls so lange, bis eine künftige, besser bemittelte Verwaltung sich zu einem neuen Stein entschließt. Das kann lange dauern.

1882, eine zwanzigjährige Margarete beim Sonntagsausflug nach Sanssouci. Weißbiertrinken mit Herrn Krause, nein, das wohl nicht, sonst wäre ihr Mädchenname auf dem Stein vermerkt. Also mit den Eltern geht sie in Gebäude, die Knobelsdorff entworfen und errichtet hat; sie betrachtet Gemälde, gemalt von Antoine Pesne. Gerahmte und solche an der Decke, so daß Margarete den Kopf weit in den Nacken legen muß. Viel sieht man da nicht. Es kann sogar sein, weshalb soll Margarete Krause sich nicht für Kunst interessiert haben, daß sie Ausstellungen besucht, in denen gerade das Gemälde hängt, ja, beim Betrachten des gemalten Malgerüsts ebensolche Freude erlebt hat wie wir.

Und wenn sie Menzel mochte, vielleicht sein »Balkonzimmer« liebte und gern als gute Reproduktion an einer der eigenen vier Wände sehen wollte, wird Margarete sein Tod betrübt haben im Februar 1905. Und sie stirbt ein Dreivierteljahr später.

Menzel und Margarete im selben Jahr, aber nicht auf dem gleichen Friedhof. Das wäre zuviel verlangt vom Zufall, der diese Kette unterbricht und neue Dominosteine bereithält.

Menzels Gemälde gehörte lange dem Kommerzialrat E. Kahlbaum. Wenn einer in Berlin den Namen Kahlbaum hört, denkt er an Schnaps.

Mag sein, der Kommerzialrat Kahlbaum hatte gar nichts mit Branntweinbrennen zu tun. Vielleicht aber doch. Söhne haben zuweilen einen besseren Start. Das kommt auf die jeweiligen Bedingungen an. Was wird verlangt, was nicht? Manchmal ist die adlige Abstammung notwendig, manchmal muß es eine nichtadlige sein, oder kurzfristig die sogenannte arische, jedenfalls, wie einer Glück haben muß mit den richtigen Eltern, muß er auch Glück haben mit seiner Zeit, in die er hineingeboren wird, mit seinem Jahrgang, mit seinem Vaterland, Mutterland, Bruderland – und warum kein Schwesterland? Dort wäre alles sanft, gedämpft und von einer inneren Heiterkeit regiert, die vieles entbehrlich werden läßt. Deshalb vielleicht hat es noch nie ein Schwesterland gegeben.

Seit 1709 wurde in der *Mauerstraße* Kahlbaumscher Schnaps gebrannt. Weit über 100 Jahre später wohnte Heinrich Heine als Student dort. Es nützte ihm nichts, es schadete nichts.

Ein Bekannter Heines erzählt: »Ich besuchte ihn eines Tages in der Mauerstraße, wo er bei einem Bäcker wohnte, es war in jedem Atemzuge ein Pfund Mehl – er las mir ein neues Gedicht vor, welches endete: *Du hast noch nie ein Kind gemacht und warst noch nie besoffen.*«

»Einspruch«, sagt Rosi Nante. »Du trübst das Heine-Bild der Schuljugend.«

»Ich fülle, bitte, ihre Lücken.«

»Es genügt«, sagt Rosi Nante, »sagt die Direktorin, wenn man sein *Wintermärchen* kenne.«

»Denk ich an Heine in der Nacht, dann bin ich um den Schlaf gebracht.«

»Das hast du früher anders gesagt!« Rosi wird böse. »Da hast du meinen Namen eingesetzt.«

»Nun trübe ich sogar mein Bild«, sage ich. »Woher sollen denn die Heine-Kennenlerner die in der Mauerstraße entstandenen Zeilen wissen? Er hat sie doch auf Anraten seines Bekannten gestrichen.«

»Was gestrichen ist«, sagt Rosi, »liest sich später manchmal sehr hübsch.«

Destillation und Branntweinbrennerei Mauerstraße 51. Nein, es ist nicht das Haus, wo später die »Kahlbaumstube« war, gleich neben unserem Zeitungsgebäude am Südende der Mauerstraße.

Mittlerweile ist die alte Kneipe verschwunden.

Wer das Berliner Telefon-, Verzeihung, Fernsprechbuch zur Hand nimmt und unter Gaststätten blättert, er findet sie nicht. Er soll unter »Getränkekombinat Berlin« sein Glück versuchen, unverdrossen die Spalte abtasten, plötzlich stockt der Blick: Alte Julius Kahlbaumstube, 1080, Mauerstraße 85. Da ist sie. Und hat mit ihrer Vergangenheit doch nichts zu tun.

Es ist noch nicht lange her, da wollte ich einen ausgeben. Einen Mittagsbraten, weil irgendeine Kolumne sich hunderte und man nie eine Gelegenheit verpassen soll, etwas zu begehen; und Elvira, die Wortreiche, hatte flugs einen Tisch bestellt in der Alten Julius Kahlbaumstube, was gar nicht einfach sein soll. Dort sei es schön, sagte sie. Wir waren gespannt und erwartungsfroh.

Zu viert fanden wir uns pünktlich ein, als die Uhr 12 zeigte. Mittag in der Mauerstraße.

Drinnen jeder Zentimeter genutzt. Kupfernes Schnapsbrennerzubehör als Dekoration. Raumteiler. Hellgelackter Tisch. Keine überlange Speisekarte. Zügige Bedienung. Vor jedem Platz ein Pflicht-Aperitif. Irgend so ein süßes Wermutzeug, das mir vor allem dann den Appetit verdirbt, wenn ich es nicht bestellt habe und selber ausgewählt, sondern zugeteilt bekomme. Es war wohl die Gebühr für den Eßplatz in diesem Lokal. Musik vom Tonband lärmte nicht einmal Altberliner Weisen. Und wenn Elvira uns nicht die ganze Zeit unterhalten hätte, wäre ein Gespräch zustande gekommen, das man am Nachbartisch mitgehört hätte. Das unterblieb. Wer weiß, wozu es gut war.

Wie gesagt, wir waren zur zwölften Stunde pünktlich in das Lokal getreten, hatten nach der Karte bestellt, hatten Vorsuppe und Hauptfleisch bekommen, Wein getrunken, alles im Berliner Tempo, wogegen sich nichts sagen läßt, und nun nahmen wir einen Irish Coffee. Der war Ende der siebziger Jahre Mode.

Manches wird Mode. Plötzlich saufen alle Leute Wermut. Der hat den bis dahin unentbehrlichen Kirsch-Whisky verdrängt. Sie nennen es, egal, was sie vor dem Essen trinken, vornehm Aperitif. Wahrscheinlich ist das Wort mal in einem französischen Film vorgekommen, den das Fernsehen als Gebrauchtware ankaufte. Vorher war es Wodka. Da gurrten alle Täubchen nach Gurke und Schwarzbrot, anschließend mußte es Soljanka sein.

Später, als die Angeber sich die verfeinernden Delikatessen übergegessen hatten, kam Einfachheit in Gebrauch. Die Turnschuhgeneration trat ein. Man reichte Schmalzstullen, setzte mit Schweineschmalz gefüllte Töpfe hin, dazu frische Semmeln und, wenn man sie bekam, Kümmelbrötchen und Schusterjungen, das ist Salzgebäck, oder Grahambrötchen und dazu ein Schächtelchen mit glättenden Silberkugeln für alle, die noch eine Gallenblase ihr eigen nennen.

Während ich das erzähle, ist Irish Coffee schon nicht mehr das Letzte, sondern Apfelbrand. Weit und breit ist kein billiger Apfelsaft erhältlich, der in anderen Jahren immer herumstand. Wer auf sein Ansehen achtet, mischt sich mit Korn oder Doppelkorn seinen Apfelbrand, falls er ihn nicht bereits veräppelt kauft, was aber ein wenig teurer ist und der eigenen Note entbehrt.

Bitter Lemon mit Wodka, Cola mit Korn, wer weiß, was dann kommt. 1944 sangen die Andrew-Sisters in Amerika von *Rum and Coca-Cola.* Irish Coffee mit Whisky, der ein bißchen brennt, ach ja, zu den aufgebauschten Sitten gehört auch das Flambieren, das dem Auge gilt, weil es so schnell geschieht, daß kein Fleisch danach schmecken kann.

Um 12.44 kam zu uns an den Kahlbaum-Tisch der Irish Coffee in besonderen Irish-Coffee-Gläsern, wie sie sonst im Alltag nicht sichtbar sind. Er war gut. Um 12.49 kam unaufgefordert die Rechnung. Sie versetzte uns in die Lage, um 12.55 den Tisch zu räumen, der daraufhin für die Gäste gedeckt werden konnte, die 13.01 hier Platz nehmen würden. Die nächste Garnitur. Der zweite Durchgang. Kantine Kahlbaum.

Kein Gedanke, daß man nach einem Essen vielleicht noch sich unterhalten und dabei eine weitere Flasche Wein trinken - nein, es handelt sich um zügigen Verkehr, hinaus, hinaus, Umsatz geht vor Gastfreundschaft. Schließlich ist die Alte Julius Kahlbaumstube keine übliche Gast-Stätte, sondern eine Abteilung des Berliner Getränkekombinats. Wir leben doch nicht zum Spaß auf der Welt und in Berlin. Geöffnet Montag–Freitag.

Draußen auf der Straße lachten wir ein bißchen über den kahlen Baum, um unsere Wut zu verbergen. Elvira wunderte sich. Mag sein, daß sie diese Erlebnisgaststätte sonst zu anderer Tageszeit erlebt hat. Ich war zufrieden, weil ich nie wieder dorthin essen gehen werde, nicht mal als Eingeladener.

Ich hatte an jenem Tag ein Buch geschenkt bekommen mit dem Titel »Das Hohelied vom Nepp«.

So standen wir auf dem Freiplatz vor der Mauerstraße Nummer 85 und 84 und 83, wollten noch nicht weggehen, wußten aber auch nicht, wo wir bleiben sollten, denn in der 86, wo wir einstmals hingehörten, hatten wir nichts mehr zu suchen.

Das nahe gelegene Café mit dem reizenden Namen »Vegetaria« war schon vor zwanzig Jahren abgeschafft worden. Nicht einmal der Verkauf warmer Wurst rettete damals den unrentablen Betrieb. Die Räume wurden einer Großkonditorei einverleibt, einem Backwarenkombinat. Sooft ich dort vorbeigekommen bin, immer hielten Lieferwagen vor der Tür, fortwährend schleppten Männer Berge von Tortenbehältern her und hin. Einmal schrieb ich darüber. Und um die Fülle sichtbar zu machen, das Tortengebirge, erfand ich, daß »täglich 1 783 426 Stück Cremetorte« hergestellt werden, dort in der Mauerstraße.

Das brachte, als es veröffentlicht war, zwei Leserbriefe ein. Einer nannte mich einen Witzbold, wollte aber wissen, wer mir solch ungenaue Zahlen ausgehändigt hatte, denn er gab sich pro Tag mit weniger Gebäck zufrieden. Der andere Leser fand es »unwahrscheinlich, daß unsere werktätigen Frauen täglich solche Unmengen« zu sich nehmen. Ich erkannte, daß ich eine weitaus astronomischere Zahl hätte nehmen müssen, etwa 17 834 260, dann hätte jeder DDR-Bürger sein Stück Cremetorte gehabt.

Das blieb nicht die einzige Erinnerung an die Mauerstraße. Wir hatten in der 86 fast zwanzig Jahre lang unsere Zeitung gemacht. Waren manchmal auch sonntags hergekommen. Kannten die Gegend in allen Jahreszeiten.

Den enttrümmerten Platz zur Friedrichstraße hin hatten wir an vielen Feierabenden von Schutt befreit, umgegraben, geharkt und geglättet. Die Stadtgärtner legten einen Rasen an. Der wurde aufgegraben, als nachträglich unterirdische Rasensprenger versenkt werden mußten. Sie sind sicher noch drin.

Hurenviertel. Allemal. 1950, Becher schrieb seinen Schritt der Jahrhundertmitte, wandelte dort ein fettes Weib mit einem Jägerhütchen auf und ab, summte einladend, trällerte vor sich hin, eine ebenso traurige Ruine der Vorkriegszeit wie die Häuser. »Kommst du mit?« fragte sie. Man hätte gern dafür bezahlt, von ihrem Angebot erlöst zu werden, rettete sich durch Weitergehen. Das jüngere Fleisch sammelte sich unterdessen am Kurfürstendamm.

Monatelang lehnte ein abgeknipstes, durch die Grenzziehung überflüssig wie doppelsinnig gewordenes Straßenschild am Nachbareingang. *Mauerstraße.* Schwarz auf Weiß. Wie bedauerte ich, es nicht eines Abends gefragt zu haben: Kommst du mit?

So standen wir zwischen parkenden Autos in der Mauerstraße herum. Dies fiel uns ein, jenes. Es sind Jahre, beste Jahre unseres Tuns und Dabeiseins mit der Mauerstraße verbunden.

Ein paar Häuser weiter, zur Grenze hin, als sie noch nicht zu war, gab es eine Drogerie. Ein alter Laden. Aus der Vorkriegszeit übriggeblieben. Die Wände mit Künstlerpostkarten tapeziert. Akteure, Filmschauspieler, Sänger, Darsteller aller Genres, Tänzerinnen, die in diesem Laden kosmetisches Beiwerk erwarben oder was eine Drogerie sonst diskret anzubieten weiß, und, von anderer Kollegen Wandfotos angesteckt das eigene gaben aus Neid, Eifersucht, Wetteifer, Gleichberechtigung oder was einen zur Hergabe eines signierten Porträts bereden kann, besserenfalls darum gebeten worden.

Ein Bildteppich. Vierzig Jahre alt oder älter. Wie lange hält man seinen Laden, wenn man jung angefangen hat? Die beiden Inhaber lebten noch. Verkauften weiter und wieder Seife und Kölnischwasser angesichts des wegen Westberlin abnehmenden Käuferstroms. Ihr Laden hatte bessere Tage gesehen, bessere Kundschaft, bessere Ware.

Die Drogistenfrau war durch eine Krankheit aufgeschwemmt und konnte kaum laufen. Daher bediente sie im Sitzen, holte seufzend Ware aus dem Regal, schwenkte die Mauerstraße entlang, blieb oft luftholend stehen. Ihr Mann war nicht jünger. Als die schwere Grenze kam, mußten sie ihren Laden räumen (umständehalber) und zogen in eines der ersten leerstehenden Geschäfte vorn in der Krausenstraße, aber nicht mehr lange verkauften sie dort Rasierwasser und Waschpulver.

Vor dem Umzug erwarb einer unserer Grafiker noch einen *Männerschutz* aus Kaiser Wilhelms Zeit. Aus Fischblase angefertigt, mit langen Schnürsenkeln zum Festbinden, aber wie und wo? Umständehalber.

Da standen wir auf dem Parkplatz und starrten die Häuserfronten an. Und immer wieder fiel uns etwas dazu ein.

Gegen Ende der zwanziger Jahre sind alle Berliner Schüler, die am Schluß des Schuljahres sitzengeblieben waren, zu Kakao und Kuchen eingeladen worden in ein Restaurant in der Mauerstraße. Etwa im Ballhaus »Clou«? Beim Blättern in alten Zeitungen den Bericht gelesen, notiert und vergessen, nun fiel es mir beim Nachtischgespräch auf der Straße wieder ein.

Alle Sitzengebliebenen. Süß getröstet. Und damit sie sich nicht unbrauchbar vorkommen sollten fürs nächste Schuljahr und fürs Leben. Man konnte, nein, sollte sogar sitzengebliebene Lehrer trösten, damit sie sich nicht immerzu ohnmächtig rächen müssen. Solange sie uns hauen durften, ging das. Aber als das bei uns

Größeren nicht mehr ging, rächten sie sich im Klassenbuch und mit in umständlichem Deutsch verfaßten Plattheiten auf den Zeugnissen, gegen die unsere Eltern keine Gegenrede wagen konnten; denn weil unsere Eltern klug waren wie die Schlangen, wußten sie, daß jede Gegenrede auf dem Rücken ihrer mittlerweile nur noch schriftlich verprügelten Kinder ausgetragen werden würde. Der Schmerz vergeht, die Eintragung bleibt. Wer weiß, was die Schule hinter meinem Rücken ins Klassenbuch schreibt und weiterreicht. Der Personalchef möchte auch sitzen bleiben.

Ich hatte das Glück, an Stelle meines Vaters, der von mir entfernt worden war durch den Krieg, den Vater eines Schulkameraden zu erleben, der seinem Sohn und mir Nachhilfeunterricht gab, indem er uns erklärte, daß die armseligen, um ihren Monatsunterhalt und die versprochene Rente strampelnden Lehrer vom Staat geduckte Kreaturen sind, nicht unseres Widerspruchs wert, sondern unseres Erbarmens. Wir sollten ihnen nicht unsere frisch erworbene, jugendliche Meinung frei und offen sagen, denn sie seien bei Strafe ihres Untergangs verurteilt, uns zu knebeln und durch eine Fünf im Betragen mundtot zu machen, wenn nicht gar zu vernichten. »Ihr müßt Mitleid haben mit euren Lehrern«, sagte jener Vater. »Ihr müßt sie in eurem Inneren bedauern. Aber sagen dürft ihr ihnen das nicht. Denn sie ertragen es nicht, von anderen zu erfahren, was sie selbst schmerzlich als Lebensirrtum erkannt haben. Ihre Autorität ist geduldeter Ton. Mit den Fanatischen unter ihnen habt ihr sowieso kein Glück. Was lest ihr dummen Lümmel denn? Muß ich euch denn jedes Buch einzeln hinschmeißen? Wißt ihr nichts über die Inquisition?«

So hatte noch nie jemand mit uns gesprochen. Und wenn ich auch nicht jedes seiner manchmal verschlüsselten Worte verstand, so doch den Sinn.

Jener Vater, dem ich nach dem Kriege nicht mehr danken konnte, weil er nicht überlebt hat – es gibt eine alte Redensart: daß fremder Leute Brot wie Kuchen schmeckt. Hier waren es Sätze. Der Mann riet zur Vorsicht; er kannte und ahnte den Hinterhalt und riskierte sein Leben, indem er nicht nur dem eigenen, sondern sogar einem fremden Kind sagte, wie die Dinge liegen.

»Ich weiß«, sagte er, »daß ihr euch das nicht vorstellen könnt, wie ich es euch sage. Aber die im Lehrerzimmer sitzen am längeren Hebelarm. Die Unteroffiziere essen Gulasch aus der Feldküche und ihr das Gezadder. Wartet auf den Tag, an dem diese Knechte vor euch erscheinen und um Arbeit bitten. Und um milde

Beurteilung.« Dieser Mann sagte uns Knaben die Wahrheit. Er gab sie weiter, so ungetrübt, wie er sie bekommen hatte, wer weiß von wem. Es muß nicht immer der eigene Vater sein.

Dieser fremde Vater ist noch nicht still. »Ihr müßt nicht denken«, sagte er, »daß es woanders besser ist. Die Energiemenge und der Irrsinn sind konstant. In den USA halten sie die Hand auf ihr Herz, wenn die Nationalhymne erklingt.«

Wir hielten sie damals schräg in die Höhe, nach vorn rechts. Wir hätten sie auch links aufs Herz gehalten, wenn uns das gesagt worden wäre, wenn wir von unseren Eltern und Nachbarn und allen anderen Leuten das so gesehen hätten. Auf Anweisung würden wir uns auch den Vogel gezeigt haben bei diesem zufälligen Lied.

»Wer keine Fahne aus dem Fenster hängt, wird notiert und gemeldet. In Amerika fällt auf, wer nicht in die Kirche geht, und isoliert sich auf diese Weise.«

Erst als ich in Amerika war und benachteiligt wurde, weil ich nicht zum Gottesdienst erschien und als Kriegsgefangener dem Kaplan kein Kreuzchen abkaufte, merkte ich, was los war. Und war gern Außenseiter.

Als ich das meinen Essensgefährten in der Mauerstraße erzählen wollte, waren sie nicht mehr da.

Mauerstraße. Zeitungshaus. Ausflug in eine entfernte Heimat, in eine gar nicht sehr weit zurückliegende Vergangenheit, in eine Jugend. Es ist ein Geburtshaus. Wie viele Ideen wurden hier geboren und verwirklicht, wie viele unterbrochen, wie viele knapp nach der Geburt erwürgt. Aber die allermeisten zur Welt befördert. Alle Woche ein erwachsenes Kind mit 24, später mit 32 Vorder- und Rückseiten geboren.

Da, wo wir vorhin nach dem Essen standen, auf dem Parkplatz, scheint der Boden ein wenig höher zu liegen, ein ganz klein wenig nur, so daß man über alle Festmeter hinwegblicken kann in die entgegengesetzte Welt. Drüben haben sie eine Aussichtsplattform gebaut, ein Gerüst, Schaugeschäft. Ein Blick in die Ost-Welt. Eines Vormittags wurde Präsident John F. Kennedy bei seinem Westberlin-Besuch auf diese Plattform geführt. Und da wir seine Rundfahrt in unseren Redaktionszimmern am Radio verfolgt hatten, gingen ein paar von uns zur rechten Zeit auf die Straße. Es gab zwar eine Anordnung, das nicht zu tun. Wennschon.

Wenn ich es nachträglich prüfe – ich habe manche Anordnung erst gewogen, ehe ich sie befolgte. Da hatte manche nicht das nötige Gewicht. So auch diese. Und nun bin ich ganz froh, daß ich in meiner Bildergalerie staatsmännischer Antlitze, die über die Welt und meinen Lebenslauf zu bestimmen hatten, in dieser Entfernung als hellen Fleck auf dem Gerüst das Gesicht des amerikanischen Präsidenten wahrgenommen habe, ehe ihm die eigenen Landsleute den Kopf zerschossen.

Mauerstraße. Manche lächelten, wenn diese Adresse kam, aber die Straße hieß schon immer so. Damals schon, als König Eff Weh Eins die Friedrichstraße anlegen ließ und die Hausbauwilligen ihre Pläne bei Militärpersonen einreichen mußten. Hohe Offiziere erteilten die Baugenehmigung. Das war so um 1720, 1723, 1730. Die schöne Friedrichstadt. Viele Häuser, wenig Mieter.

Damals kamen aus böhmischen Landen evangelische Familien, um ungestört ihre Religion ausüben zu können, nach Berlin und wurden gastfreundlich aufgenommen. Zweitausend Mann und Weib und Kind. Müde, zerlumpt, vom November-Fußweg zermürbt, aber gerettet.

Der König, derselbe, der so gern brüllte und prügelte und dabei die eigene Gattin nicht schonte, von den mißhandelten Herren Kindern gar nicht zu reden, dieser König gab den Böhmen Land im Stadtgebiet an der Mauerstraße. Fünfhundert Tschechen blieben in Berlin und bauten 39 Häuser.

Nun hat solche Großzügigkeit ihren heimlichen Sinn. Wenn sich herumsprach, wie gut man bei den Preußen leben konnte, würden weitere Auswanderer kommen aus den Ländern des Hauses Habsburg. Oder, um es etwas wissenschaftlicher zu sagen: Friedrich Wilhelm I. nutzte die zunehmende wirtschaftlich-soziale und religiös-kulturelle Unzufriedenheit weiter Kreise der tschechischen Bevölkerung.

Die Bauern unter den böhmischen Einwanderern zogen in die Freiräume vor der Stadt Berlin. In der Mauerstraßenumgebung blieben die Handwerker.

Kisch schrieb über ein »Böhmisches Dorf in Berlin«, aber das war in Rixdorf, das ist Neukölln (mit dem Hussitenkelch im Wappen) im Westen der Stadt. Wir bleiben in der Mauerstraße, wo alles begann, und wollen andere Dinge erzählt haben.

Ich habe nichts Dringlicheres vor, als auf dieser Stelle zu treten. Hier stand die Kirche in Melonenform, die der König den Tschechen spendierte. Zwei Jahre Bauzeit. Eingeweiht am 12. Mai 1737. Sicher hat das Datum den Beteiligten etwas bedeutet. Einweihungen finden selten an irgendeinem zufälligen Tage statt, es sei denn, die andere Seite, der alt-böse Feind soll überrascht werden oder eigene Brüder von Einwänden abgehalten. Das wird bei diesem Bau nicht nötig gewesen sein.

»Sie hat die Form einer Rotunde mit einer Kuppel, ihr Inneres ist sehr einfach und ohne Auszeichnung.« Das sagt Zedlitz, etwa hundert Jahre später. Er hat sie von innen gesehen. Ich nur von außen. Da war sie Ruine.

Soweit ich mich erinnere, ging ich als junger Mensch stets die Friedrichstraße entlang, wenn ich zur Leipziger Straße wollte oder nach Hause. Mauerstraße war bloß ein Name. Gleich an der Ecke Schützenstraße und Friedrichstraße war ein Kino, »City« genannt, das Gegenteil seines Namens. Ich kam dort, gerade 14 Jahre alt, mühelos hinein, um Filme anzusehen, die erst für »Jugendliche über 18 Jahre« zugelassen waren. Das wunderte mich damals. Man macht sich seine Gedanken, wenn man die Welt betritt: Mit 17 Jahren durfte ich Soldat werden, und man erwartete von mir Dinge, wie sie in keinem Film »für Jugendliche über 18 Jahre«, jedenfalls zu jener Zeit, zu sehen waren.

Einmal hatten wir zu zweit ein Mädchen kennengelernt und gingen mit ihr bummeln und schließlich ins »City«, wo wir sie zwischen uns in die Mitte setzten. Und jeder glaubte, er hielte ihre Hand. So weit, so gut, doch als wir sie nach Hause brachten, das muß etwa in der Alexandrinenstraße gewesen sein, und in der Nische vor ihrer Tür im Dunkeln standen, fielen sich die beiden plötzlich um den Hals. Und ich stand da. Und ging dann. Hatte unheimlich viel gelernt und tröstete mich damit, denn Trost muß sein, daß der Kumpel anderthalb Jahre älter war als ich und demzufolge bevorzugt. Klar, der Fall.

Diese Szene sehe ich vor dem Palast-Hotel, von Carin Kreuzberg in Stein gehauen, wieder. Auf der Wasserseite, wenn man am Restaurant »Dom-Klause« vorbeigeht, an diesem wunderschönen Ufer, steht seit dem Sommer 1980 ein Denkmal für E. T. A. Hoffmann. Er hält eine kleine Schlange in der Hand, die trägt ein Krönchen, aber welche seiner Fantasien das ist, wie soll ich das wissen? Zu seinen Füßen sitzt dieses Liebespaar, das sich mit den Fingern berührt. Auf der entgegengesetzten Seite des Steins sitzt ein einzelner und wartet auf bessere Zeiten.

Mauerstraße war bloß ein Name. Die runde Kirche interessierte noch weniger, ja, jetzt erst, als ich sie auf dem Papier erblickte, stellt sich heraus, wie ähnlich sie der Dreifaltigkeitskirche ist.

König Friedrich Wilhelm I. hat auf dem Stadtplan selbst die Stelle eingezeichnet, wo die Böhmische Kirche hin sollte. Und das Wort »schleunig« kehrt mehrfach wieder in seinen Briefen. Wenn einer wie er *schleunig* sagt, dann wird alles schleunig*st* erledigt. Außerdem gab er 2000 Taler Baukostenzuschuß.

Zur Einweihung kam er nicht selbst, sondern schickte den Stadtkommandanten von Berlin, den Generalleutnant Kaspar Otto von Glasenapp. Kein Fall Glasenapp. Alles mit Wohlwollen. Er war schon zur Grundsteinlegung der Kirche anwesend bei den Böhmen.

Als nun die Berliner Christen der Stadtmitte sahen, was für eine schöne Kirche die Tschechen bekamen, wurden sie ungehalten. Immer werden die Ausländer bevorzugt. Während die ortsansässigen, einheimischen, eingeborenen braven Gläubigen sich begnügen müssen - also, sie bekamen ebenfalls eine Kirche, jene erwähnte Dreifaltigkeit, die genauso aussah wie das Gotteshaus der Tschechen. Aber in größerem Maßstab. Und vornehmer. Und zu der Einweihung kam der König und brachte den Kronprinzen Friedrich mit. Der sang »Ein feste Burg« und dachte an Rheinsberg, Pesne und Benda.

Der Kuppelbau der Böhmen, in dem rund ein Jahrhundert lang in tschechischer Sprache gepredigt wurde, ist eines Tages oder Nachts ausgebrannt. Wie und wann, das wußte nicht einmal die beleibte Drogistenfrau. Und sie war in Berlin geblieben die ganze Zeit.

Stammkundin Rosi Nante, indem sie auf meinem Handrücken Rasierwasser prüft und beschnuppert, sagt: »Es war der 288. Fliegeralarm seit Kriegsbeginn. Da kamen 937 amerikanische Flugzeuge und warfen zwischen 10 Uhr 39 und 12 Uhr 16 so viele Bomben ab, am hellerlichten Tag, daß vor allen Dingen das Zeitungsviertel mit seinen Kirchen brennend zerbrach.«

Seither stand das böhmische Kirchlein als Ruine dort, wo die Krausenstraße in der Mauerstraße aufgeht.

Geradezu ein Lebensmittelgeschäft, staatlich oder genossenschaftlich; wir kauften dort unser täglich Brot und Wurst, auch Käse und Trinken, nur wegen echten Schnapses und frischen Biers ging man lieber zu Kahlbaum nach nebenan. In die echte Kneipe. Einmal, es war die Zeit vor Einführung der Selbstbedienung, es gab Verkäuferinnen, und man mußte zeitweise seinen Personalausweis vorzeigen beim Einkauf; sie kannten einen, man redete miteinander, also, an einem Freitagmorgen führte eine Blonde, etwa Mitte zwanzig, aus der Nachbarschaft im Laden einen Matrosen vor, ihren Matrosen. Eine dieser weißhäutig-rosigen Blondinen, deren frühe Fülle hält, was sie verspricht. (Heine nannte es hinterher »gefrorenen Champagner«.) Sie zeigte den Verkäuferinnen, die kannten sie, einen strammen Matrosen. Dem war anzusehen, daß er sich an seiner Blonden übers Wochenende freute, vielleicht war er schon seit gestern da, jetzt war Essenspause, Freiwache, Einholezeit, und an das Land des Ladens gezogen, wußte er nicht recht, was er tun sollte. Unter den Blicken der kundigen Verkäuferinnen und Kundinnen wurde er ein bißchen rot, während seine Gefährtin auf dies und jenes wies, es einpacken ließ und dabei vielerlei erzählte, ihren Maat aber im Augenwinkel behielt. Heute keine Annahme von Schiffbrüchigen.

Ein uniformierter Matrose war damals auch ohne Blondine ein Anblick. Es gab noch nicht so viele Männer, die wieder mit blauer Hose und in weißer Bluse herumliefen. Damals verwandelte sich die christliche Seefahrt gerade in die sozialistische Zukunft auf dem Wasser.

Neben dem Lebensmittelgeschäft war ein geräumiger Frisiersalon, dem ein elegant aufgemachter Mann vorstand, in dem Sinne, daß er bestenfalls in der Damenabteilung sechs Finger anlegte, während seine Gattin für beide Geschlechter die Kasse verwaltete. Er hatte einen Namen, der silbig gesprochen werden konnte. Zweisilbig klang er gewöhnlich, wie Ber-lin, aber dreisilbig bekam er einen griechischen Akzent, ein mediterranisches Gepräge, als ob man Ä-gä-is sagte.

Weil unsere Sekretärinnen ihn als *schönen Mann* bezeichneten und für einen *Südländer* hielten, wettete ich mit ihnen um ein Päckchen Radebeuler Tee und fragte am Ende des nächsten Haarschnitts an der Kasse: »Ist der Chef eigentlich Grieche? Wie spricht sich sein Name?« Es war das zweisilbig Ordinäre.

Ich mochte ihn nicht leiden, weil er als Boß auftrat. Manchem Butterfälscher sieht man alles an. Eines Tages verschwand er mit Kasse und Eheweib auf die andere Straßenseite, nur die paar Schritte zur Zimmerstraße, über die wie ein Scheitel gezogene offene Grenze.

Fortan wurden in der Mauerstraße Haare genossenschaftlich geschnitten und gewellt. Ich ging lieber schon lange woanders hin; war abgewandert zu Herrn Noack in die Charlottenstraße. Aber das wäre eine andere Geschichte.

Einbahnstraße
Kronenstr.

Ferner gab es einen Blumenladen in der Mauerstraße, zwischen Lebensmitteln und Haarmoden gelegen. Ein jüngerer Mann hatte sich selbständig gemacht und verdiente gut, denn Blumen sind ein Stück Geld in der Großstadt. Abgesehen von den täglich zu Auszeichnungen und Geburtstagen benötigten langweiligen roten Nelken, gehörte der tägliche Blick ins Schaufenster zum Vorübergehen.

Im Frühling kaufte ich mir dort, solange es welche gab, Tulpen für meinen Schreibtisch, wo sie sich in ein paar Tagen gelbrot zuspitzten und durch ihre zunehmende Vergrößerung mitteilten, jeder Tag würde länger werden und die Freude, vielleicht das Leben, wenn man sie nur richtig ansah. Ich habe solche Blumenkäufe ohne triftigen Grund, nur für den eigenen Bedarf, vor meinen Kollegen mehrfach und immer neu mit Argumenten verteidigen müssen, die man mir erst glaubte, als ich wegen selbsterdichteter Schreibwaren als nicht ganz normal galt. Dann durfte ich *mir* Blumen kaufen für den Tag.

An einem bedauerlichen Vormittag, dessen genaues Datum im Jahre 1963 bei der Straßenverwaltung oder im Bauwesen erfragt werden könnte, standen Männer mit Spitzhacken auf der Mauer der Ruine der kleinen Böhmischen Kirche, hackten drauflos und stießen mit dem Fuß die gelösten Ziegel hinunter. Die Steine von 1730. Es war soweit. Sie standen auf der Mauer, trugen Schutzhelme und entfernten ein Stück Geschichte.

Auf die Idee, wenigstens zu guter Letzt ein Foto zu machen, kam ich nicht. Ich wußte nicht einmal, wie die Kirche hieß, ging nur vorbei, langsamer als sonst und traurig, weil ich das Alter des Bauwerks spürte, es respektierte und es deshalb gern konserviert gesehen hätte. Bei einer Umfrage über Wert und Verbleib des Rundhauses hätte ich vorgeschlagen, dort eine kleine Ausstellung unterzubringen. Es gibt so vieles, was man ausstellen könnte. Selbstverständlich fand keine Umfrage statt. Keine Frage, die Ruine störte und mußte weg.

Es war die Bethlehemskirche. Die Nachkommen der tschechischen Einwanderer gaben ihr diesen Namen, weil er sie an ihre Heimat erinnerte, an ihren Hus, der in einer Kirche gleichen Namens in Prag gepredigt hatte ...

Wäre die Ruine zu retten gewesen? Mit einer gläsernen Kuppel? Als Hussiten-Ausstellung?

S. 125 Die Bethlehemskirche, gezeichnet von Friedrich Wilhelm I.
S. 126 Kronenstraße, Dreifaltigkeitskirche. Foto von Seidenstücker, 1928

Noch ein Vorschlag: Ein Teil der Einwanderer aus Böhmen und Mähren wurde in einer Gegend zwischen Berlin und Potsdam seßhaft gemacht, in Nowawes. Ein Name, der nicht nur Slawisten aufhorchen läßt. Auch Hitler horchte, und dann ließ er diesen Ort umbenennen in Babelsberg. Nun wißt ihr, wo es war. In Nowawes arbeiteten tschechische Weber. Wie sollte es ihnen besser gehen als den schlesischen Webern! Die Tschechen kamen nur früher zu der Erkenntnis, die mit Hilfe von Heinrich Heine und Gerhart Hauptmann Gemeineigentum geworden ist. Den tschechischen Fabrikarbeitern in und um Berlin fehlte solche Publizität. Ihr Aufstand wurde mit viel mehr Stillschweigen unterdrückt. Die in einen Ausstellungspavillon umgebaute Ruine der Bethlehemskirche zeigt der immer wieder darüber erstaunten Bevölkerung des Arbeiter-und-Bauern-Staates, daß der erste Berliner Arbeiteraufstand in Nowawes stattfand, und zwar 1785/86; da lebte sogar noch das königlich-preußische Gerüst in Sanssouci, aber nicht ganz ohne Sorgen, dafür sorgten die tschechischen Weber.

Sorgsam also hackten die Abrißbeauftragten die Ruine zu Boden. Reger Zustrom in der Mauerstraße unerwünscht. Kein Pavillon in Sichtweite des Ausländerübergangs, den sie drüben »Checkpoint Charlie« nennen. Und mit Erzeugnissen von Bethlehem-Steel festhalten.

Und wenn im umgebauten Bethlehem-Stall Bücher gezeigt worden wären? Berlin war zwischen 1740 und 1760 Mittelpunkt des Buchdrucks in tschechischer Sprache.

Mit dem Entfernen der Ruine der Bethlehemskirche in der Mauerstraße wurde eine Parkfläche gewonnen. Nach genauer und vorsichtiger Berechnung: für 14 bis 16 Autos. Es handelt sich, wie bereits betont, um eine historische Kirche; ein Rundbau von 15,7 Meter Durchmesser, der nicht viel Platz beanspruchte und wenig Raum hergab.

Über die Unvollständigkeit von nicht vorhandenen Tafeln. Bethlehemskirche, erbaut 1735–1737 von Diterichs, entfernt 1963 von ..., ja, müßte nicht jemand mit seinem Namen dazu stehen, wenn er einen Diterichsbau abwracken läßt?

Friedrich Wilhelm Diterichs, der am Molkenmarkt das Palais Ephraim erweiterte – die abgerundete Ecke mit den vorangestellten Doppelsäulen im Erdgeschoß, ein Haus, das in den dreißiger Jahren abgetragen wurde. Diterichs, der in Berlin-Buch die Kirche baute. Die gleichfalls kriegsbeschädigte und restaurierte und unter

Denkmalschutz gestellte. Diterichs, der den Mittelteil des Palais errichtete, das uns Operncafé ist.

Operncafé, damit sind wir Unter den Linden, dort reitet König Friedrich ohne Querflöte. Die Zeiten als Freund der Künste in Rheinsberg sind vorbei. Der Kriegsmann ist dargestellt, der Eroberer Schlesiens. Zwar hatte man ihm im November 1918 während der Revolutionstage eine rote Fahne in die Hand gedrückt, mehr zum Spaß als zum Bündnis, wem nützt es.

Ein Blick auf Menzels Gemälde. Pesne hüpft auf seinem Malgerüst, weil Franz Benda aufspielt.

Er hieß František, als er nach Berlin kam. Zuweilen François. Einer der tschechischen Musikemigranten.

Er war in jungen Jahren viel herumgekommen, hatte Wien gesehen und Siebenbürgen, Breslau, Warschau und Dresden und manchen Brotgeber. 1733 ging er zusammen mit seinem Bruder Johann Georg nach Preußen und trat in Ruppin in die Kapelle des Kronprinzen ein. Blieb dort sein Leben lang, war erster Geiger, dann Konzertmeister, lernte von seinen Kollegen Graun, Bach und Quantz, komponierte und begründete eine eigene Schule des Violinspiels ...

Was hindert uns an einem Intermezzo: Falls Sie wieder einmal in Prag sein sollten, ein Abstecher nach Benátky! Es hat aber keine Bahnstation.

In Benátky steht ein sehenswertes Schloß mit wunderlich grotesken Figuren auf der Gartenmauer. Eine Wand des Hofes trägt haushoch einen kratzgemalten Jagdzug, dem reitet Kaiser Rudolf voran ins Vergnügen. Geheiratet hat er nie, weil in den Sternen gelesen worden war, ihm drohe Gefahr von jeglicher Verwandtschaft. Für so vorteilhafte Eheberatung hielt Rudolf II. sich mehrere Astrologen, deren berühmtester Tycho Brahe war, ein nach Böhmen importierter Astronom.

Falls Sie wegen dieses Schlosses nach Benátky fahren, finden Sie ein Arbeitszimmer Brahes. Dort hat er seine Zeit genutzt. Vielerlei Gerät erdacht, Sterntafeln berechnet, den Mars beobachtet und allerlei herausgefunden, das sein Kollege Kepler später gut verwenden konnte. Kaiser Rudolf blieb dabei Brahes ahnungsloser Untertan, denn »weder Macht noch Reichtum, nur Wissenstaten dauern« – so steht es auf dem Grabstein Brahes in der Teynkirche zu Prag. In Benátky hängt postkartengroß und golden eingerahmt ein Stück von seinem Begräbniskleid. Beeindruckender ist auf dem Fußboden in der Nähe des Fensters ein dünner Eisenstab, etwa zwei Meter lang. Das ist der Meridian von Benátky. Den hat Tycho Brahe hier ausgemessen und auf das eichene Parkett genagelt, vorsichtshalber, denn alle Woche wird naß aufgewischt.

Falls Sie wegen dieses Meridians nach Benátky kommen, entdecken Sie beim Blick durch das Fenster im Garten eine Büste, die sich beim Hingehen als das Porträt Smetanas herausstellt; da ist er alt und berühmt. Er war aber erst zwanzig, als er ins Schloß kam, hatte aus Geldnot alle musikalischen Pläne und Träume aufgegeben und wollte Beamter werden. Davor bewahrte ihn die Anstellung als Musiklehrer – sagen wir so: Smetana wurde in der Kleinstadt an der Iser für die Moldau gerettet.

Falls Sie wegen Smetana zum Schloß Benátky fahren, wo Ihnen Herr Podaný die Schätze auftut, sogar im Winterhalbjahr, obwohl dann geschlossen ist; also wenn Sie sich mit Smetana begnügen werden, ohne einen Blick in das Zimmer der Bendas zu tun ...

Das Geburtshaus im Ort ist längst abgerissen. Wer ahnt denn?

František ging nach Berlin. Sein Bruder Jiři ging von Berlin nach Gotha, wo er als Hofkapellmeister Georg Benda das Melodrama erfand. Franziska, die Schwester, wurde eine gefeierte Kammersängerin ... Und die Geschichten drumherum ... Wilhelmine, die Schwester des Kronprinzen, als Franz Benda 1733 im Berliner Schloß Monbijou gespielt hatte: »Gestern war Konzert bei der Königin, Benda hat Wunder vollbracht.«

Eines Tages besuchen die betagten Eltern Benda ihre beim Kronprinzen tätigen Söhne in Berlin. Als sie nach Benátky zurückkehren, werden sie von der katholischen Polizei angehalten: »Führen Sie protestantische Druckschriften mit sich?!«

Mancher kommt wegen der Bendas nach Benátky. Falls Sie aber zufällig in Benátky nad Jizeroů anhalten, es wird ein schöner Tag sein und für Überraschungen geeignet.

Die Auslandsreise der Eltern Benda, das interessiert doch, das wird der Leser nicht als Aufenthalt empfinden, wenn wir ihm davon mehr erzählen im Angesicht der Mauerstraße.

Die Eltern, Hans Georg und Dorothea Benda, sind zweimal in Berlin zu Besuch gewesen. Eine lange Reise von Böhmen bis nach Berlin, mit allerlei Beschwerlichkeiten unterwegs. Ihr Graf in Benátky hatte ihnen Urlaub gegeben. Sie kamen gern zurück, weshalb denn nicht, und waren als Menschen um die Fünfzig froh, wieder daheim zu sein. Da aber wurden sie zum Verhör bestellt und von einem Vertreter der Kirchenbehörde einzeln ausgefragt; weil jedes Wort protokolliert worden ist, können wir nachlesen:

Zunächst, wie kommen zwei Söhne nach Berlin, und was machen sie dort? Das wird beantwortet. Verhör des Vaters.

»Wievielmal waret Ihr in Berlin, und was habt Ihr dort gemacht?«

»Zwei Wochen vor Weihnachten wird es ein Jahr sein, war ich dort einmal, und etwa vor drei Wochen war ich dort zum zweitenmal. Der ältere Sohn Franz schrieb mir, daß ich zu ihm kommen möge, daß er mir etwas an Kleidern und etliche Kreuzer an Geld geben werde, was er auch gab. Übrigens war ich dort mit Erlaubnis des Grafen.«

Der Vater hatte aus Berlin die Ablösungssumme mitgebracht, mit der sich der älteste Sohn aus der Leibeigenschaft freikaufte.

Nun kommt's kalt. Der vernehmende Pater fragt:

»Habt Ihr auch von Berlin irgendwelche ketzerischen Schriften mitgebracht?«

»Wie ich schon vor dem Herrn Pfarrer bekannt habe, so bekenne ich auch jetzt: Ich brachte von dort *Das Gesetzbüchlein oder die Harfe* und andere Gebete.«

»Wohin gabet Ihr diese Bücher?«

»*Das Gesetzbüchlein oder die Harfe* gab ich in Lissa den Herren Patres, die dort predigen; die Gebete gab mein Sohn dem jungen Chmelová Benatek für ein Bildchen, übrigens bekam sie auch der Pater Missionär.«

»Seid Ihr Euch der sicheren Nachricht bewußt, daß Ihr überall gegen den Glauben schändlich redet und Berlin lobpreiset?«

»Ich bitte untertänigst, das ist nicht wahr, aus bloßem Hasse bin ich so verschrieen.«

Klarer Fall. Die Nachbarn sind neidisch. Da dürfen die alten Bendas in den Norden reisen, zweimal sogar, und dann schimpfen sie nicht über das verelendende Ketzerland, wo die Söhne als Bettelmusikanten vegetieren. Die Eltern erzählen vielmehr überall, wie gut es ihnen dort geht. Es kann niemandem gutgehen im Ketzerlande.

Was hat der alte Benda Gutes erzählt?

»Nur habe ich gesagt, daß ich, als ich einmal im Preußenlande auf eine Hochzeit im Wirtshause traf, von ihnen nicht gehört habe, daß jemand den Teufel angerufen hätte, wie es bei solchen Anlässen bei uns geschieht. Gegen den katholischen Glauben habe ich nicht ein Wort gesagt; Gott ist mein Zeuge.«

Vor Büchern hat die Kirche besondere Angst. Wieder wird danach gefragt: Ja, ein Gebetbuch hat ein Reisegefährte bei sich geführt, und Briefe haben sie befördert, von Studenten und von »großen Soldaten« an ihre Angehörigen. Das sind die *langen Kerls*, des alten Königs liebste Soldaten. Die dürfen gar nicht reisen und ausreißen, die sind schon froh, wenn sie einen Brief mitgeben können in die Heimat.

Bei einem anderen Verhör ist ein Verdacht aufgekommen:

»Euer Schwager sagt, Ihr hättet die Absicht, zu Euren Söhnen nach Berlin zu gehen und vom katholischen Glauben abzufallen.«

»Mein Lebtag ist mir so etwas nicht in den Sinn gekommen.«

»Seid Ihr bereit, Euch durch einen leiblichen Eid zu verpflichten, daß Ihr nicht nur nicht in die ketzerischen Länder auszuwandern gedenkt, aber auch, daß Ihr Eure Söhne nicht mehr zu besuchen die Absicht habt, um so weniger von dort ketzerische Bücher und andere Botschaften oder Nachrichten zu bringen?«

»Vor dem lebendigen Gott bin ich dazu bereit!«

Wie eingeschüchtert hat man diesen Mann, den Zunftvorsteher der Leineweber in seinem Ort, daß er verspricht, nie wieder im Leben seine Söhne zu besuchen.

Anschließend werden der Mutter die Instrumente gezeigt.

»Wie heißt Ihr, wie alt seid Ihr und welchen Glaubens?«

»Dorothea Benda, bin etwa neunundvierzig Jahre alt, des katholischen Glaubens.«

»Was seid Ihr für eine katholische Christin, wenn Ihr Eurem Manne ein lutherisches Buch gabt und wahrscheinlich es auch selbst gelesen habt?«

»Ich habe kein Buch gegeben, denn was immer mein Mann im ersten Examen ausgesagt hat, das alles widerrief er vor dem Pater Missionär und dem Pfarrer und bekannte, daß er aus Furcht aussagte.«

»Was habt Ihr Euch aus dem Buche gemerkt?«

»Nichts, weil darin nichts stand als Gebete zu Jesus, dem Herrn.«

»Warum waret Ihr in Berlin?«

»Es wird zur Ernte ein Jahr sein, ich war dort, um meine Söhne zu besuchen und mit ihnen zusammenzukommen.«

»Sagt, ob sie Euch beeinflußten, daß Ihr dort mit ihnen bleibt und von dem wahren katholischen Glauben abfallt?«

»Ich bitte untertänigst, Euer Gnaden belieben Euch ja solche Gedanken nicht zu machen. Gottes Sohn sei vor!«

»Habt Ihr auch von dort irgendwelche ketzerischen Bücher mitgebracht?«

»Euer Gnaden belieben niemandem etwas zu glauben; so wahr Gott lebt, mich widern solche Sachen an!«

»Wart Ihr in Berlin in einer ihrer Kirchen, habt Ihr ihrem Prädikanten gebeichtet und das lutherische Abendmahl von ihm empfangen?«

»O Herrgottsmutter! Mein Lebtag nicht, Gott sei vor! Ich habe mir nur einzig gewünscht, daß ich schon zu Hause wäre!«

»Hatte jemand die Absicht, mit Euch nach Berlin zu übersiedeln?«

»O Euer Gnaden, wer dürfte sich das unterstehen?«

»Was leugnet Ihr denn? Gestand ja die Katharina Sedivý aus Zdětin, daß sie mit Euch fortgehen wollte, und Ihr habt ihr gesagt, daß es verraten werden könnte und daß die Leute sagen würden, Ihr hättet sie weggeführt, und deshalb solle sie dieses Mal zu Hause bleiben!«

»Ob sie diese Absicht hatte, weiß ich nicht. Sie sagte: *Ihr habt, hör ich, vor, nach Berlin zu gehen?* Ich sagte: *Ja,* und sie darauf, daß ich sagen solle, wann, und daß sie mit uns ginge. Ich aber habe ihr geantwortet, sie möge zu Hause bleiben, nachdem die Leute dann sagen würden, ich hätte sie weggeführt.«

»Habt Ihr irgendwelche lutheranischen Bücher?«

»O Euer Gnaden, vor Gott, dem Allmächtigen, bekenne ich, daß ich keine habe.«

»Wißt Ihr wenigstens irgendwo sonst von solchen Büchern?«

»O Euer Gnaden, ich weiß nicht.«

»Euer Schwager sagte aus, daß Ihr die Absicht hattet, zu Euren Söhnen nach Berlin zu gehen und vom katholischen Glauben, ohne den niemand selig werden kann, abzufallen; ob Ihr noch diesen bösen Sinn habt?«

»O Euer Gnaden, Gott bewahre! Diesen Sinn haben wir nicht, denn wenn wir ihn hätten, so würden wir keine Ställe und sonstige notwendigen Dinge bauen.«

»Seid Ihr bereit, durch Eid Euch zu verpflichten, daß Ihr nicht nur nicht nach Berlin geht, sondern auch nicht einmal Eure Söhne dort besuchen wollt?«

»Ich bin bereit und verlange es bis zu meinem Tode nicht.«

Das ist allerhand verlangt von einer Mutter. Und Strafe gibt es außerdem; als Buße müssen die Eheleute Benda täglich fünf Vaterunser beten und Ave Maria und einmal das Credo zur Ehren der fünf Wunden Christi – Vater Benda sogar vor Zeugen. Drei Monate lang. Außerdem wird der Ortspfarrer ein strenges Auge auf die Familie haben, die sich so verdächtig gemacht hat.

Fünf Jahre später, im ersten Schlesischen Krieg, kam König Friedrich II. in die Nähe von Alt-Benatek (Benátky), wo die Eltern Benda lebten, und bestellte sich ihren jüngsten Sohn Joseph, der ebenfalls geigen konnte, ins Hauptquartier und engagierte ihn – unangehört – für sein Orchester daheim.

In Potsdam hatte Franz Benda den König gebeten, unter so günstigen Umständen die Eltern mitsamt den restlichen Geschwistern nach Berlin zu holen. Familienzusammenführung.

Der König schrieb an seinen lieben Vetter, den alten Dessauer (das ist der, der den Marionettenschritt für preußisch-deutsche Paraden erfand), er möge beim Grafen Kleinau, dem sie leibeigen gehörte, die Familie Benda loseisen und ohne Verlust an Vermögen und Zeit nach Berlin auf die Reise bringen. Keine zehn Tage danach antwortete der Marschall dem Waffenbruder: »Des Virtuosen Benda Eltern habe ich bei dem Grafen Kleinau losgemachet« – dem blieb nichts übrig, als zuzustimmen! Er gehörte gerade zu den Verlierern der Geschichte.

Nun lebten die Bendas in Potsdam, Nowawes und Berlin. Vier Brüder spielten in der Hofkapelle. Bis auf einen, der Leineweber wird, sind alle musikalisch tätig und protestantisch umgetauft. Der Vater arbeitet in Nowawes in seinem Beruf als Leineweber. Alles ist gut.

Nicht nur die Hugenotten und die Juden, auch die Tschechen haben Geist und Fleiß nach Berlin gebracht, etwas von ihrer Kultur und Begabung.

Das soll auf dem geglätteten Boden in der Mauerstraße zu bedenken sein? Das wäre abzulesen? Wo? Auf dem Malgerüst? Wer ist übrig? Die hölzerne Figur, die sich beliebig biegen läßt und jede Haltung einnimmt? Jede einigermaßen menschenmögliche.

Mauerstraße 82. Dereinst aus der vormaligen Markthalle III zu einem Konzertsaal [»volkstümliche Preise«] umgebaut. Saalbau »Clou«. Warum haben solche, dem Frohsinn gewidmete Stätten, oft ihre grausig-grausame Seite? Geht es ihnen wie den schutzlosen Menschen, die sich ebenfalls nicht aussuchen können, was mit ihnen geschieht?

Am Morgen des 8. Januar 1919 versammeln sich in dem großen Saal des Konzerthauses »Clou« die Mitarbeiter des Ullstein-Verlages zu einer Versammlung, die eine Entschließung annahm. Noch in der kommenden Nacht wurde ein Flugblatt gedruckt und überall verteilt. Es wendet sich »an die Bevölkerung von Groß-Berlin!« und spricht davon, daß über 5 000 Arbeiter und Angestellte des Zeitungskonzerns Ullstein aus ihrer Arbeit verdrängt worden sind. Nur unter Leitung von Spartakusleuten, die alle Gebäude besetzt halten, sollte die Arbeit fortgesetzt werden können. Im Konzertsaal wurde statt der Revolution diese Resolution angenommen:

»Die am 8. Januar im Konzerthaus *Clou* versammelten Arbeiter, Angestellten und Redakteure des Hauses Ullstein & Co. verurteilen auf das schärfste die verwerfliche Politik der Spartakusleute und den von ihnen begangenen Anschlag auf unsere Arbeitsstätten. Sie erklären sich mit der Haltung der Arbeiterräte des Betriebes einverstanden und lehnen das Anerbieten, in spartakistische Dienste zu treten, mit aller Entschiedenheit ab. Sie erklären ferner, daß eine Aufnahme der Arbeit nur erfolgen kann nach bedingungsloser Freigabe der Betriebe.«

Das half den Regierungstruppen, und am Montag, dem 13. Januar, erschienen morgens die Ullstein-Zeitungen wieder. Ordnung herrschte in Berlin. Am 15. ermordete man Liebknecht und Rosa Luxemburg.

Das Konzerthaus »Clou« in der Mauerstraße beansprucht das traurige Recht, die Stätte von Hitlers Berliner Premiere gewesen zu sein. Er hatte Redeverbot in Preußen, drei Jahre lang, bis 1928, es galt aber nicht für geschlossene Veranstaltungen. Daher sprach er in einer Mitgliederversammlung der Nazipartei. Es war der 1. Mai 1927, eine *deutsche* Maikundgebung, Absperr- und Ordnungsdienst besorgte die SS.

28. Februar 1943: »Fabrik-Aktion« heißt das. Berlin muß »judenrein« werden. *Schlagartig* werden die Juden aus den Fabriken geholt, in denen sie als Zwangsarbeiter tätig sind, und im Morgengrauen auf Lastwagen in die Stadtmitte gefahren.

Peter Edel erzählt: »Einfahrt in die Mauerstraße. Einfahrt durch ein Portal. Eingang zum Ballhaus *Clou*. Hineingeknüppelte Menschenmasse zu Menschenmassen, die im Tanzsaal bereits lagern, hocken, sich hin und her schieben unter Papiergirlanden, Ulkplakaten, zerfetzten Lampions, auf dreckigem, mit Strohballen, Koffern, Kleiderhaufen besätem Parkett; Frauen, Kinder, Männer, Greise, etliche noch in Pyjamas, etliche in Morgenröcken, die meisten in Arbeitskleidung, einige schrubben den Tanzboden blitzblank, blank wie die Langschäfter der SS-Männer, die wichtigmacherisch Aufsicht führen, bisweilen die Hacken zusammenknallen und den rechten Arm hochreißen vor einem Zivilisten, einem großen Tier« – es ist der Deportationsspezialist Brunner aus Wien.

Ob sich unter diesen »Clou«-Opfern im Februar 1943 einer befindet, der im Jahre 1919 in diesem Saal die Hand gegen Spartakus erhob und sich daran erinnert? Nicht ausgeschlossen bei den vielen jüdischen Angestellten des Ullstein-Verlags.

Das »Clou« ist im Krieg zerstört worden, ausgebrannt.

Mauerstraße. Bei dieser Adresse wurde einst an Rahel Varnhagen gedacht, an die Deutsche Bank, an Heinrich von Kleist, aber das betraf das nördliche Ende. Wir sind an der entgegengesetzten Seite der alten Straße.

Abriß. Kein Stein mehr da von der Bethlehemskirche, der sich auf der Rückseite wiederverwenden ließe für eine Margarete Krause. Ich muß weggehen. Jemand will an meiner Stelle sein Auto abstellen.

Am 22. Oktober 1736 war ein besonderer Tag für diesen Neubau. Der Kirche der Böhmen wurde oben auf der Spitze der goldene Knopf aufgesetzt. Er enthielt Münzen und Dokumente und das Adreßbuch des Jahres.

Der Schieferdeckergeselle Johann Georg Hase kletterte am Gerüst hinauf und erledigte die Arbeit. Dann drehte er sich und rief den Spruch:

Da dieser Kirchenbau
bis hierher aufgeführt,
So wird er auf Befehl
mit diesem Knopf geziert ...

Der Rest sind fromme Worte, nicht von Belang. Nun gießt Hase oben ein Weinglas voll und läßt hochleben, genau nach der Rangordnung, wie sich das gehört. Unwichtig. Dann trinkt er und wirft das Glas über seinen Kopf in die Luft.

Erst prallt es gegen das Mauerwerk, von da auf das Gerüst, fällt von dort auf die Erde und bleibt heil. Das ganz und gar unbeschädigte Glas schickt ein aufmerksamer Teilnehmer dem König. Der antwortet: »... und ist mir der dabei geschehene Zufall mit dem Glase nicht unangenehm gewesen.«

Dort drüben, die Nummer 86. Unsere Zeitung. Ich fuhr jeden Tag von Pankow mit der U-Bahn bis Thälmannplatz [»Zug endet hier«]. Ursprünglich war Ruhleben die weit entfernt im Westen gelegene Endstation. Am Alexanderplatz hatte der Fahrdienst manchmal im Berufsverkehr gerufen: »Zug fährt nur bis Zoologischer Garten«, was mir beim berlinischen Aussprachetempo wie *ideoloischer Jarten* klang.

Hatte ich's eilig, oder bei regnerischem Wetter, stieg ich in Pankow vorn ein und sprang in Stadtmitte gleich die Treppe hinab in den Tunnel, eilte durch den langen Gang, ging über den ganzen Bahnsteig bis zum Südausgang, dort die Treppe hoch und war in der Friedrichstraße; und nun quer hinüber zur Mauerstraße. Kam ziemlich trocken an oder doch pünktlich. Seit August 1961 nur in Gedanken noch. Mit etwas Fantasie kann ich mir ausmalen, wie es gewesen ist. Ich brauche aber immer länger dazu.

Wochenlang standen 1961 amerikanische Soldaten alarmiert an dem mit weißer Farbe auf den Boden gemalten Meridian zwischen Ost und West. Ein Luftloch zum Ein- und Ausgang für die Alliierten. Sie mußten aber nun, wenn sie nicht in Uniform kamen, ihre Papiere vorzeigen, wie an jeder anderen Grenze der Welt. Im Eckhaus an der Zimmerstraße hatten sie das Erkerfenster im ersten Stock mit Sandsäcken zu einem Maschinengewehrnest ausgebaut.

Wir sahen die Soldaten von unseren Redaktionsfenstern aus. Gelangweilt, auf Ablösung wartend wie jeder Posten, gingen sie auf und ab, und vor allem unbeteiligt. Zu ahnungslos bei diesem Job. Daher kam einer von uns auf die Idee, für diese amerikanischen Soldaten eine Zeitung zu machen. Und wenn nicht gleich eine ganze Zeitung, so doch wenigstens eine Seite, eine volle Seite: »Hallo Joe!« Bilder dazu gab es. Stillstand und Bewegung an der zugezogenen Grenze waren beinahe täglich aufgenommen worden. Die Meute, die von drüben Steine auf uns warf, war nur durch die Bildunterschrift von den Tobsüchtigen zu unterscheiden, die in den USA eine Veranstaltung Farbiger bedrohten. Das wollten wir dem Gehirn des erstbesten farbigen Joe anbieten. Es wurde ein Brief, der den unbekannten farbigen Soldaten auf dem Foto anredete und, wenn möglich, ansprach. Ihm unseren Standpunkt erklärte, den er im Unterricht nicht erklärt bekommen hat, denn nur einseitig schießt es sich gut auf die andere Seite. Die Lehrer in Amerika verteidigen ihr Monatsgehalt. Außerdem muß Joe mal gesagt werden, wie gut es ihm geht in Westberlin, wo an keinem

Autobus, an keinem Restaurant geschrieben steht: *Nur für Weiße!*

Dies Zeitungsblatt ging restlos weg. Ein paar hundert Exemplare der Auflage erschienen mit dieser Seite in englischer Sprache. Einen ganzen Stoß reichten wir durch die Luft über den weißen Streifen zwischen unseren Grenzsoldaten hinüber. Andere, viele Exemplare wurden verteilt, wenn die amerikanischen Soldaten, bei ihren Stadtrundfahrten in Treptow angelangt, am Sowjetischen Ehrenmal aus den Bussen stiegen. Hallo Joe.

Wer weiß, ob außer in US-Geheimarchiven noch Exemplare dieser Sonderseite existieren. Bei uns wurde behauptet, die gesamte Einheit an der Grenze sei ein paar Tage darauf abgelöst worden. Andere wollten wissen, daß amerikanische Soldaten gefragt hätten, wann die nächste Nummer erscheint. Es blieb bei dieser einen.

Wenn nicht gleich in der Kaserne die Leser einzeln vorgenommen worden sind, dann aber bei der nächsten Inspektion und ganz gewiß noch im Port of Embarkation Bremerhaven oder bei der Einreise ins Heimatland: Habt ihr auch von Berlin irgendwelche ketzerischen Schriften mitgebracht?

Ich hoffe, daß wenigstens einer die Seite durchgeschmuggelt hat, unsere schöne Seite, auf die wir so stolz waren wie kleine Jungen, die etwas für den Frieden tun wollen, und daß er sie manchmal hervorholt und herumzeigt, wenn er den Kindern erzählt, wie das damals war in Übersee. Und da es manchen Menschen, der ohne Fahrkarte und auf Befehl fremde Länder bereist hat, dort wieder hinzieht, weil er es noch einmal mit gereiften Augen sehen möchte und er jetzt jemanden neben sich hat, dem er etwas zeigen würde und dabei von sich erzählen, und wer tut das nicht gern, kommt es, daß ein klimatisierter Mercedes-Bus am »Checkpoint Charlie« hält; eine Gruppe Männer und Frauen kommt heraus und steigt auf das Gerüst, wegen der Aussicht auf uns. Und dort oben malt einer seiner Familie aus, wie er hier eine Zeitung in die Hand gedrückt bekommen hat, gratis, von den Kommunisten.

Das ist jetzt fast zwanzig Jahre her. Vorgestern in der Kaufhalle an der Spitze Prenzlauer Allee, gegen elf Uhr war das; da ist sie ziemlich leer. Man soll den Kaufhallen ihr Geheimnis lassen. Solche, die Lehrlinge ausbilden, sind meistens sehr sauber. Wenn die Kaufhallenleiterin den Orden »Banner der Arbeit« hat, bekomme ich mit Sicherheit immer Porterbier. Aus einer Kaufhalle stammt mein Exemplar von Hermlins »Abendlicht«. In der erwähnten Kaufhalle am Drei-Stadtbezirke-Eck fuhren um die elfte Stunde drei amerikanische Armeeangehörige und eine Frau mit ihrem Einkaufswagen an den Auslagen entlang.

Die Frau war nicht in Uniform und wohl mit dem einen verheiratet. Sie kauften mächtig ein. So übervoll ihre Wagen wie sonst unsere am Freitagabend oder sonnabends früh.

Ich schob mich näher. Hatte bloß eine kalorienreduzierte Tatarsoße drin. Wollte nichts weiter kaufen, bloß mal umsehen, vielleicht gibt's wieder so ein »Abendlicht« oder Kripa-Servietten, die sich prächtig als Taschentuch verwenden lassen von Leuten, die eine große Nase haben.

Die Amerikaner hatten viel eingeladen. Nudeln, Gries, Butter und Zucker, was eine Familie so braucht. Keine teuren Sachen, sondern das, was bei uns nicht teurer wird. Grundnahrungsmittel.

Wenn sie nicht in Uniform gewesen wären, man hätte sie im Vorbeifahren nicht bemerkt, denn es waren Menschen, die eine Mark erst verdienen mußten und sie erst einmal umdrehten, ehe sie sie ausgaben.

So ist es auch. Etwas Beschränkte denken nämlich, alle Amerikaner sind reich. Oder sie urteilen nach dem Feindbild, peng, und dann sind dort alle außer einer Handvoll Millionäre arbeitslos. Und mit derselben himmelschreienden Einfalt urteilen ebensolche amerikanischen und andere Bundesbürger über die ihnen vorgehaltene Gegenseite im Osten. So werden Feinde gemacht.

Eine Sternenstunde in der Kaufhalle Wisbyer Straße? Eine Stars-and-Stripes-Stunde, Sterne haben sie ja fast alle, mal eine Zacke mehr oder weniger, wir zeigen den Hammer: drei Amerikaner in der Kaufhalle –

– ach, ich muß noch erläutern, warum ich nicht *Ami* sage. Weil ich nicht *Fritz* genannt werden möchte oder *Kraut*. Und weil es damit anfängt, daß einer über den anderen *Teppichhändler* sagt oder *Aggressor* oder *Soldateska*, *Boche* oder *Jude*.

In der Kaufhalle waren es Längerdienende. Nicht mehr so ganz junge Männer, die mal in Übersee Dienstzeit ableisten, sondern Berufssoldaten. Ein harter Beruf, das. Sonst hätten sie ihre Grundnahrungsmittel nicht zu dem von einer sozialistischen Regierung subventionierten Preis kaufen müssen, sondern im eigenen Store, in der Post-Exchange oder bei Bilka.

Man sah es an ihren dekorierten Ärmeln. Drei Winkel von oben, drei Winkel von unten, graphisch vollendet gelöst. Den

Rang kann ich nicht genau sagen, etwa so wie Hauptfeldwebel oder Stabsfeldwebel, irgendein imponierendes Wort für Befehlsverteiler, die es nicht zum Offizier bringen konnten, aber mit beträchtlicher Unter-Macht ausgestattet werden müssen. Wie die Putzfrau, die ansagen läßt: Heute abend die Stühle hoch! Sonst wische ich morgen früh nicht!

Sie trugen an den Unterärmeln Serien von Überseestreifen und Dienstjahr-Strichen – für jede solche äußere Ehrung muß das Gehalt nicht erhöht werden; das bißchen Litze kostet nur einen Minibruchteil der geltenden Währung.

Das bringt diese Leute in unsere Kaufhalle. Der Dollar ist gefallen. Die Army zahlt die Löhnung nicht in D-Mark aus oder in Schweizer Franken. Welche Armee könnte das? Kosten die un- bzw. nicht-menschlichen Bestandteile nicht schon genug? Die jungen Soldaten, die nicht sehr viel brauchen und bald wieder ausgewechselt werden, leiden weniger darunter als jene, die mit ihren Familien jahrelang am Standort leben müssen, an der Basis. Sie merken sehr wohl und hart, wenn der Kurs sich ändert und die Preise steigen; auf einmal ist die DM, die man ihnen nicht zahlt, mehr wert als der Dollar. Sie setzen sich in ihr Auto und fahren weit bis nach Ost-Berlin hinein, in eine etwas stillere, nicht so sehr von den täglich zum Einkauf Strömenden überlaufene Kaufhalle. An der Nahtstelle zwischen den Stadtbezirken Prenzlauer Berg, Weißensee und Pankow.

Sagt Rosi Nante, die unterdessen am Gemüsestand Chicoree gekauft hat und mit zwei Sorten Käse im Wagen heranquietscht, sagt Rosi Nante: »Hast du wohl Sehnsucht nach alten Kommandos? Kommen dir Gefühle, wenn du eine fremde Uniform siehst? Mußt du Agitation machen!« Und sie fährt an mir vorbei wie im Kulturpark auf dem Autodrom.

Und da um die nahe Mittagsstunde mehr Menschen ihren Einkaufswagen durch diese Stätte fahren, erregt Rosi Nantes Ausruf große Aufmerksamkeit. Keine Erregung, aber ich merke die Blicke der Frauen, als ich durch die Papierwaren fahre; keine Kripa-Servietten vorrätig. Nur die Amerikaner sehen nicht her. Und ich denke: Wenn sie wüßten, daß diese Kaufhalle auf Pankower Gebiet liegt. Pankow, das Wort, bei dem vor zwanzig, dreißig Jahren ihr Außenminister fuchsteufelswild wurde.

Wie sind wir denn von der Mauerstraße hierher geraten? Es hatte doch ganz anders angefangen ... ach so, von Stadtmitte bis Pankow. Der alte Nachhauseweg.

Waschzettel
für
Franz Hessel

Das erste Feuilleton heißt »Der Verdächtige«. So empfand sich Franz Hessel, weil er langsam durch Berlin ging, »rundherum und mittendurch«, ohne festes Ziel, einsam und die Menschen und Häuser beobachtend. Das war vor über fünfzig Jahren. Damals schrieb er ein Buch mit Berliner Feuilletons, fuhr dazu wie ein Ortsfremder eine Stadtrundfahrt mit, betrat Markthalle, Ballhaus und Friedhof, wußte: »Nur was uns anschaut, sehen wir. Wir können nur, wofür wir nichts können.«

Seine Gebilde nannte er »schüchterne Versuche« und sein Buch einfach »Spazieren in Berlin«. Es erschien 1929.

Hessel war lange vergessen. So vergessen wie eben nur einer, der leise durch die Stadt ging, sich durch Stehenbleiben verdächtig machte und nie für laute Zwecke benutzbar ist.

Franz Hessel starb in der Emigration, in Frankreich, wo er nichts mehr veröffentlicht hat. Alfred Polgar schrieb ihm 1941 den Nachruf: »Er war eine reine Seele, ohne Tropfen Bosheit, und schrieb reines Deutsch, in dem die rechten Worte am rechten Fleck stehen.«

Im Vor-Nazi-Berlin kannte man ihn als Romanautor, Erzähler und bedeutenden Übersetzer (Stendhal, Balzac) sowie als den Verfasser kulturhistorisch fundierter und zeitgenössisch lebensvoller Feuilletons. Liest man sie heute, kommt einem die seither verstrichene Zeit oft länger als ein Jahrhundert vor. So viel ist ganz anders, so viel ist verschwunden.

Ein Beitrag heißt: »Die Kunst des Spazierengehens«.

Kurt Tucholsky, ein Bewunderer seines »wundervoll sauberen Stils«, notierte einmal über ihn: »Es ist eine Art Mannesschwäche in diesem Mann, etwas fast Weibliches (nicht: Weibisches) – ... Stellen, die von einer Frau geschrieben sein könnten – es ist etwas Lebensuntüchtiges ...«

Aber Hessel, so einzelgängerisch er sich verhielt, seiner Eindrücke wegen verhalten muß, ist nicht weltfremd. Er spaziert als Mann des Westens durch den Norden. Er geht zur Maidemonstration in den Lustgarten. Er kennt und nennt die kleine Brücke, wo Rosa Luxemburg starb. Er ist einer der wenigen, die damals das Innenleben der Fabriken schildern ... »Allein ich finde nicht den Mut noch Vorwand, mich einzudrängen, man sieht mir meine Unbefugtheit deutlich an.«

Und zum Schluß: »Hierzulande muß man müssen, sonst darf man nicht. Hier geht man nicht wo, sondern wohin. Es ist nicht leicht für unsereinen.«

Drucknachweise

»Angehaltener Bahnhof«, »Stadtmitte umsteigen«, »Dachkonstruktion Tucholskystraße« und »Die böhmischen Brüder« aus: *Stadtmitte umsteigen*, Berlin (DDR) 1982, bei Buchverlag Der Morgen. »Wanderung zu Fontanes Grab« und »Waschzettel für Franz Hessel« aus: *Berliner Fenster,* Halle-Leipzig 1981, bei Mitteldeutscher Verlag; »Versuch über Vergleichsbilder« aus: *Das Lächeln der Zeitung*, ebenda 1975.

Die Texte wurden vom Autor für diese Ausgabe überarbeitet.

Abbildungen

Alba-Verlag: *(2)* / Fontane-Archiv Potsdam: *62, 85* / Bildarchiv Preußischer Kulturbesitz: *11, 12, 104, 111, 125, 126* / Landesbildstelle Berlin: *49, 50, 103* / Verlag Schirmer-Mosel: *27* / Ullstein: *12, 144.*
Alle anderen Abbildungen aus dem Archiv des Autors und des Verlags.

Wir danken allen Rechtsinhabern für die Reproduktionsgenehmigung.

CIP-Kurztitelaufnahme der Deutschen Bibliothek

Knobloch, Heinz:
Angehaltener Bahnhof: Fantasiestücke,
Spaziergänge in Berlin / Heinz Knobloch. -
2. Aufl., (4. - 6. Tsd.) - Berlin: Arsenal, 1985.
ISBN 3-921810-38-3

Lizenzausgabe für Berlin (West), BRD, Österreich und Schweiz mit Genehmigung des Buchverlags Der Morgen, Berlin (DDR) und des Mitteldeutschen Verlags, Halle-Leipzig (DDR)

Lektorat: Peter Moses-Krause
Umschlag: Ralph Christians
Satz: Wichern-Verlag, Berlin 21
Repro: Graphisches Atelier Spönemann, Berlin 62
Druck: System-Druck, Berlin 12

Das Arsenal. Verlag für Kultur und Politik GmbH
Tegeler Weg 5 D-1000 Berlin 10 Tel. 030-344 18 27

Inhalt